Andreas Herrmann
K.O. ODER O.K.

Andreas Herrmann

K.O.

ODER

O.K.

*Ratschläge und Anleitung zu
einem erneuerten Denken*

Projektion J Buch- und Musikverlag GmbH, Wiesbaden

© 1993 by Andreas Herrmann
Published by Projektion J Buch- und Musikverlag GmbH
Niederwaldstraße 14, D-65187 Wiesbaden

Bibelzitate sind, falls nicht anders angegeben,
der »Guten Nachricht« entnommen.

ISBN 3-89490-019-9

Umschlaggestaltung: Büro für Kommunikations-
design Heidenreich, Haltern am See.
Satz: Projektion J Buch- und Musikverlag GmbH
Druck: Druckhaus Gummersbach Arntz + Co. GmbH
51627 Gummersbach

1   2   3   4   5   95 94 93

Für meine Eltern,
auf die ich stolz bin. Danke für Euer Vorbild,
Eure Anteilnahme und Liebe.
Besonderen Dank an Sabine Bellin,
Jutta Weismantel und Julia Gleiß,
die mit viel Liebe das Manuskript
für dieses Buch tippten.

INHALT

Einleitung

Warum ein Buch über erneuertes Denken?

Anfang der 80er Jahre gab es einen regelrechten Boom für die Psychotherapie. Damals steckte ich noch mitten in meinem Studium der Sozialarbeit und war an allem interessiert, was dem Menschen heute in all seinen Schwierigkeiten helfen könnte. So lag es ganz auf meiner Linie, die klassischen Therapiewege in meiner Diplomarbeit miteinander zu vergleichen und ihre Wirksamkeit zu untersuchen.

Alle theoretischen und praktischen Erfahrungen der damaligen Zeit brachten mich zu folgender Erkenntnis: Alles analytische Rekonstruieren meiner Vergangenheit hilft mir zwar zu verstehen, woher meine Probleme kommen, doch es hilft mir nicht, sie zu lösen. Vielmehr bringt das Bohren in der Vergangenheit viele neue Fragen zum Vorschein, ohne dabei die Zukunft in einem helleren Licht zu zeigen. Ich bin fest davon überzeugt, daß Millionen von Menschen die gleiche niederschmetternde Erfahrung machten und machen wie ich.

Ich fing schließlich an, mich mit dem *Erneuerten Denken* zu befassen und diese biblische Lebenskunst zu meinem Thema zu machen. Ich las mehrere Bücher und begann, ihren Inhalt im Alltag anzuwenden. Durch all das, was mir dadurch klar wurde, habe ich nicht nur Änderungen in meinem Verhalten und andere »Traumziele« erreicht, sondern oftmals letztere sogar übertroffen. Mein Anliegen ist es seit langem, daß Menschen, die unter festgefahrenen Einstellungen und deren Folgen leiden, einfache und praktische Hilfe und Unterstützung bekommen, ihr Leben wieder in den Griff zu kriegen und erfolgreich zu gestalten.

Auf diesem Hintergrund wundert es mich nicht, daß meine Fähigkeit, Menschen im Prozeß des erneuerten Denkens zu fördern, von Jahr zu Jahr gewachsen ist. Gleichzeitig natürlich auch die Erkenntnis über die zentralen menschlichen Problempunkte. »Ich bin ganz sicher: Gott wird sein Werk, das er bei euch angefangen hat, auch vollenden bis zu dem Tag, an dem Jesus Christus kommt« (Phil 1,6).

Heute weiß ich, daß außergewöhnliche Menschen, die wir als Vorbilder bestaunen, in Wirklichkeit auch nur ganz normale Menschen sind; nur eines war bei ihnen anders: Sie hatten eine andere Einstellung zum Leben, kurz – einen erneuerten Sinn. Weder Du noch ich können uns in dieser Hinsicht zurücklehnen und sagen: Wir sind leider nicht so begabt oder begnadet. Wenn wir aufhören, an einem erneuerten Sinn zu arbeiten, haben wir uns entschieden, nicht mehr zu wachsen. Ob wir leben, weil wir wachsen, liegt großteils in unserer Hand.

Immer wieder stelle ich fest, daß die meisten Menschen trotz verschiedenster Bemühungen weder charakterlich noch spirituell weiterkommen. Welche unsichtbare Kraft ist es, die einige wenige im Reich Gottes unentwegt vorwärts trägt, ihnen an vorderster Front einen Sieg nach dem anderen beschert, und auf der anderen Seite einer Großzahl von Menschen keine Chance zu geben scheint?

Woran liegt es, daß einige Menschen im Glauben Berge versetzen, wogegen andere ihr Leben lang zweifeln, kaum etwas bewegen und obendrein in stupider Mittelmäßigkeit versinken? Dieses Buch gibt Dir eine Chance in die Hand, mit der Du Dein Leben gewaltig umgestalten kannst. Betrachte es als ein Buch, das ich persönlich für Dich geschrieben habe. Es soll eine Motivationshilfe und Anleitung zum erneuerten Denken sein. Es enthält viele Beispiele von Menschen wie Du und ich, die in ihrem Leben durch die Kraft Gottes sowie einen erneuerten Sinn eine gewaltige Veränderung vollzogen.

Meine Erfahrungen als Seelsorger haben mich gelehrt, daß geistliche Rückschläge, Minderwertigkeitsgefühle, Ängste, Beziehungsprobleme und dürftige oder ganz ausbleibende Erfolgserlebnisse durch einen erneuerten Sinn zu beheben sind. Ich habe gelernt, daß die Kraft, die dem erneuerten Denken innewohnt, ein Erfolgsgeheimnis ist, das vielen Menschen zu mehr Selbstbewußtsein, aufblühendem Glauben, Freunden und wunderbaren Resultaten verhalf. Ein göttlich inspirierter, erneuerter Sinn kann das gleiche für Dich tun. Nimmt dieser innere »Wohlstand« auch bei Dir zu, so wirst Du zunehmend Glauben, Sieg und positive Autorität ausstrahlen. Durch den zielstrebigen Entschluß, biblisch erneuertes Denken anzuwenden, wurden Ehen gerettet, Menschen kamen aus ihrer

Depression, körperliche Leiden verschwanden, Lebensmut wurde wiedergefunden und Reich Gottes wurde durch starken Glauben lebendig. Alle Erfahrungsberichte in diesem Buch haben mit dem wirklichen Leben zu tun. Zum Schutz für die betreffenden Personen wurden Orte, Namen und oft auch die äußeren Umstände verändert.

Genauso, wie man einen Artikel über Schachspiele lesen kann, ohne selber zu spielen, so kann man ein Buch über geistliche Selbstvervollkommnung lesen, ohne daß es einen wirklich weiterbringt. Deshalb besteht die Voraussetzung, um großen Segen aus dieser Lektüre zu ziehen, einzig und allein in der entschlossenen Haltung, etwas verändern zu wollen – und zwar bei sich selber.

Sobald Du spürst, daß ein Kapitel zu Dir spricht, so unterstreiche die wichtigen Leitsätze und Kernaussagen, schreibe sie auf ein Blatt Papier, lerne sie auswendig und setze sie um. Lies dieses Buch für Deine Zukunft. Der moderne Mensch von heute möchte normalerweise gerne dort ernten, wo er nie gesät hat. Wenn ich mich irgendwann einmal an Tulpen freuen möchte, muß ich Tulpenzwiebeln in den Boden stecken und ihnen Zeit lassen, die sie zum Wachsen und Blühen benötigen. Tulpenzwiebeln gönnen wir normalerweise diese Zeit. Aber nehmen wir uns in der Betriebsamkeit des Lebens Zeit für uns, um zur Blüte zu gelangen?

Dieses Buch ist denen gewidmet, die menschlich, charakterlich und geistlich wachsen und reifen wollen, um mehr »Licht« und »Salz« in dieser Welt sein zu können. In den nun folgenden Kapiteln wirst Du wertvolle Wegweiser finden, wie man verhängnisvolle Gedankengänge für immer auflöst, ersetzt und – siegt, bevor man besiegt wird. Ich möchte Dich ermutigen, mit mir eine Reise durch die Lebenslandschaft des erneuerten Sinnes anzutreten, die Dir viel Gewinn und Anregung bringen soll.

Kapitel 1

Erneuertes Denken ist möglich

Bevor wir uns damit befassen, wie man einen erneuerten Sinn bekommt, möchte ich zwei Beispiele erzählen, die deutlich machen, welche verändernde Kraft – bis hin zu körperlicher Heilung – in einer neuen Denk- und Glaubensweise steckt. Die folgenden Beispiele sollen uns helfen, unseren eigenen Standpunkt zu bestimmen: Ist unsere Gedankenwelt ein Unkrautdschungel oder eine paradiesische Oase?

Vom Mißerfolg zum Erfolg

Auf einem dreimonatigen missionarischen Einsatz in der Schweiz waren meine Frau Sabine und ich als Teamleiter für einen jungen Mann namens Martin verantwortlich. Seine Gesichtszüge waren von Bitterkeit verhärtet und manchmal, wenn er unsicher zu werden schien, hatte er nervöse Zuckungen im Gesicht. Häufig machte er ein wehleidiges Gesicht und meckerte über die Arbeit und das Essen. Beim Frühstück zum Beispiel war alles falsch. Der Kaffee zu dünn, das Ei zu hart, die Butter zu weich, das Brötchen zu alt und zu guter Letzt schmeckte die Marmelade nach Fisch. Er drückte sich um jede Verantwortung, warf als erster die Arbeit hin und stand so auch dem geistlichen Leben beziehungslos gegenüber. Mit anderen Worten: Er machte Sabine und mir das Leben alles andere als leicht, und ich wäre fast an die Grenze meiner ach so tugendhaften Selbstbeherrschung gekommen. Auf der anderen Seite hätte er im Wettbewerb für negative Selbstbilder bestimmt den Meistertitel im Understatement erworben. Mit einer Überdosis an Ablehnung im Herzen

13

sowie einer kultivierten Selbstverachtung machte Martin sich zum Bodensatz der Menschheit. Zumindest sah er es so. Er war Sklave seines Denkens geworden und konnte ihm nicht entrinnen. Mit seiner Lebenseinstellung war er für unseren Einsatz so kampfgerüstet wie ein Kammerjäger für die Großwildjagd. Durch seelsorgerliche Gespräche wurde deutlich, daß seine Minderwertigkeit sowie sein kritischer Pessimismus ihre Wurzeln in der mütterlichen Ablehnung hatten. Seine Mutter hatte alles in seinem Leben niedergemacht, was Martin je tat und was für ihn Bedeutung hatte. »Du kannst nichts«, »du bist nichts«, »du taugst nichts«, »du Blödmann, du hast nicht nur eine, sondern zwei linke Hände«. Auf diesem Hintergrund konnten wir Martins Verhalten gut verstehen und es fiel uns etwas leichter, Liebe dort zu säen, wo keine Liebe war.

Seine Mutter hatte sämtlichen Selbstwertgefühlen komplett die Krallen gestutzt, so daß aus Minderwertigkeitswinzlingen schließlich -riesen wurden. Bitterkeit und Haß hatten sich tief in seine Seele gefressen. Während einer Gebetszeit sollte er seiner Mutter Vergebung aussprechen. In diesem Moment schien ihm mehr als ein Frosch im Hals zu stecken. Er würgte richtig, aber schließlich war der Satz heraus: »Mutter, ich vergebe dir.« Als Martin zwanzig Minuten später in den Spiegel schaute, machte er folgende Entdeckung: Der Ausschlag, der ihn all die Jahre in Gesicht, am Hals und den Armen so gequält hatte, war verschwunden. Ungefähr vier Wochen später wollte er erneut aufgeben. Er legte seine Arbeit nieder und verfiel in das alte Denkmuster. Martin klappte seine Seele zu wie eine Auster. In diesem Moment fing sein Ausschlag von neuem an, ihm zuzusetzen.

Die richtige Einstellung genügte

Es ist kaum zu glauben, aber bereits nach zehn Minuten Gebet verschwand der Ausschlag wieder, nachdem Martin für seine negative Haltung um Verzeihung gebeten hatte. Alles, was Martin bisher mit dem erneuerten Denken erfahren hatte, verdichtete sich in diesen Minuten zu einem festen Vorsatz. Martin hatte beschlossen, Gottes weise, bestätigende und aufbauende Gedanken aufzunehmen, zu bejahen und gleichzeitig das Wurzelwerk negativen Denkens und der Kritik auszumerzen.

Schriftlich hielt er ebenfalls fest, daß er nicht mehr in Menschen und Umständen die Ursache seines Elends sehen, sondern selbst Verantwortung für sein Leben übernehmen wolle. Auf einmal nahm er im Team Herausforderungen begeistert an. Unter unserer Anleitung und durch konkret gefaßte Ziele überwand er seinen chronischen Pessimismus und war nicht mehr auf Mißerfolg programmiert. In Gott entdeckte er seinen Wert und fing an, positiv zu denken und zu reden. Vorher hatte sich kaum ein Mädchen für ihn interessiert, doch heute ist Martin glücklich verheiratet. Erneuertes Denken geht oft Hand in Hand mit emotionaler sowie körperlicher Heilung. Die »Umerziehung« unserer Gedankenwelt wird immer mehr ein Thema sein, das im wachsenden Maß Menschen bewegt und zu einem biblisch erneuerten Denken mitreißt. Menschen, die von ihm erfaßt werden, reifen zu »geistlichen Siegertypen« heran. Ich persönlich wäre gar nicht im Dienst, wenn ich nicht rechtzeitig damit angefangen hätte. Meine Erfahrung mit erneuertem Denken lautet: Konsequente Anwendung bringt große Resultate. Keiner braucht sich länger chronisch gequält und besiegt zu wissen. Der zunehmend erneuerte Sinn trägt uns von Kraft zu Kraft, von Sieg zu Sieg, von Heilserfahrung zu Heilserfahrung.

Eigentlich sollte ich ein Junge werden

Susanne, eine dreißigjährige Frau, war zu Sabine und mir in die Seelsorge gekommen. Ihr äußeres Erscheinungsbild und der Gesamteindruck, den ich von ihr bekam, verrieten, daß sie aus ihrer Weiblichkeit nicht viel gemacht hatte. Zudem wirkte sie in ihrer grauen Kleidung sehr männlich. Susanne war unzufrieden und unglücklich mit sich und ihrer Lebenssituation. Obendrein litt sie seit der Pubertät an Unterleibsschmerzen und hatte noch nie ihre Regel gehabt. Nach einem Gebet stellte Sabine folgende Frage: »Bist du als kleines Mädchen von deinen Eltern geliebt und akzeptiert worden?« »Ja, ich denke schon,« kam die Antwort. Wir spürten jedoch ihren inneren Widerstand sowie die steigende Spannung im Raum und warteten. Susanne saß nervös auf ihrem Stuhl. Sie knetete, zog, drehte und zerrte an einem Taschentuch, bis es schließlich in ihren blassen Händen zerriß. Dann brach es heulend aus ihr heraus:»Eigentlich hätte ich ein Junge werden sollen und immer habe ich versucht, dem Wunschideal meiner Eltern Rechnung zu tragen. Ich wollte immer ein Junge sein, um geliebt zu werden.« Der Schmerz, der aus ihrer Seele herausbrach, war so stark, daß auch wir dem Weinen näher waren als dem Lächeln und gegen Tränen ankämpfen mußten. Uns war klar, daß diese Ablehnungsbotschaft nicht nur ihre Kinderseele torpediert hatte. Wie viele ungewollte Kinder war sie damals ganz automatisch unter die Räder der Ablehnung gekommen. Als kleines Mädchen hatte Susanne diese Negativbotschaft tief in ihr Unterbewußtsein geschleust und verinnerlicht. Wie wir alle wissen, ist gerade die Seele eines Kindes zerbrechlich wie ein rohes Ei. Uns war klar, daß die frühkindliche Gedankenfestlegung, wie ein Junge sein zu müssen, ihre Weiblichkeit verstümmelt hatte. Hier haben wir wieder mal ein Beispiel dafür, daß die Zeit keine bitteren Rückstände und Gifte fortspült, die sich in den geheimen und dunklen Windungen der Seele abgelagert haben.

Nachdem Schmerz und Kummer fortgeweint waren, fragten wir sie, ob sie ihre Weiblichkeit, die sie von Gott empfangen hatte, annehmen und sich gleichzeitig von ihrem frühkindlichen inneren Schwur lösen wolle. Sie bejahte. Jetzt sprach uns Susanne folgende Sätze nach:

»*Im Namen und in der Autorität Jesu löse ich mich von frühkindlichen Festlegungen, wie ein Junge sein zu müssen. Mit göttlicher Autorität zertrümmere ich das Gedankengebäude und den inneren Eid, wie ein Junge sein zu müssen. Ich vergebe meinen Eltern und gehe nun an an gegen die Macht der Ablehnung, die sich gegen meine Weiblichkeit richtet. Du Gedankenlüge, daß ich wie ein Junge sein muß, du bist nicht mehr Teil von mir. Vater im Himmel, ich erkenne und nehme die mir von dir geschenkte Weiblichkeit an. Du hast mich wunderbar gemacht.*«

Sie fing nun an, alle femininen Körperteile aufzuzählen und Gott für sie zu danken. Wir spürten, wie der innere Panzer, der sich um ihre Weiblichkeit gelegt hatte, zerbrach. Drei Tage später hatte sie, obwohl sie schon dreißig Jahre alt war, zum ersten Mal in ihrem Leben die Menstruation. Die chronischen Unterleibsbeschwerden waren komplett verschwunden. Wir müssen wirklich nicht mit allem leben, was uns schicksalhaft auferlegt scheint!

16

Auf unserem Planeten leben Millionen von Menschen, die wie Martin und Susanne verletzt, gehemmt, verängstigt und charakterlich deformiert sind, weil sie ein wichtiges Prinzip nicht kennen, das Prinzip des erneuerten Denkens. Wie unsere Beispiele zeigten, ist erneuertes Denken eine erstrebenswerte Lebenskunst jenseits eines planlos geführten Lebenskampfes. Jeder, ob Musiker, Hausfrau, Boxer, Student oder Angestellter kann durch erneuertes Denken neue Gipfel in seinem Lebensrahmen erklimmen, die ihm durch eine negative Haltung bisher unerreichbar waren. Für keinen von uns ist es zu früh oder gar zu spät, sich um die Entwicklung einer gesunden Gedankenwelt zu kümmern. Jede Person hat die Fähigkeit, durch erneuertes Denken über sich hinauszuwachsen, um so Minderwertigkeit und Angst abzuschütteln. Ein erneuerter Sinn gibt uns weit mehr als motivierende Durchhalteparolen und billiger Trost.

Erneuertes Denken ist ein Erfolgsfaktor auf biblischer Grundlage. Erneuertes Denken ist ein unaufhörlicher Prozeß des Segens und hat, solange wir leben, kein absehbares Ende.

Es verwandelt Frustration in Hoffnung und Hoffnung in Sieg. Durch erneuertes Denken können wir Gott sogar mehr »verkörpern« als bisher, ihn mit unserer Persönlichkeit besser ausstrahlen und reflektieren. Um bei unseren beiden Beispielen zu bleiben, bedeutet die Entwicklung eines erneuerten Sinnes folgendes:

1) Verantwortung übernehmen,
2) seine Gedanken nicht dem Zufall überlassen,
3) alte, eingefahrene Denkgewohnheiten aufgeben,
4) mit negativem Denken und Gedankenlügen brechen,
5) an der Entfaltung biblischen Denkens persönlich arbeiten,
6) Gottes bestätigende, erbauende Gedanken aufnehmen, bejahen und verinnerlichen,
7) Verinnerlichtes umsetzen und anwenden.

Ein erneuerter Sinn muß sich im alltäglichen Leben bewähren, er soll im Privatleben, im Berufsleben, im Gemeindeleben zu sichtbaren Früchten führen. Gott möchte, daß wir die verwandelnde Kraft seines Evangeliums – und damit seine Wahrheit – in unserem Leben erfahren.

Kapitel 2

Wie bekommt man einen erneuerten Sinn?

Eine schockierende Wahrheit

Hinter der Hirnschale auf dem Höcker befindet sich ein ca. 1550 Gramm schweres Wunderwerk, das mit mehr als zehn Milliarden Zellen Impulse empfängt, aufzeichnet, erzeugt und aussendet. Hier entscheidet sich, ob Kriege geführt werden oder nur eine Rasur ansteht. Unsere Gedanken setzen biochemische Substanzen frei und erzeugen Reaktionen, die zwischen Großhirnrinde bis hin zum kleinen Zeh ablaufen. Doch wer spielt alles auf unserem Hirncomputer-Klavier?

Schon vor vielen Jahren war die Menschheit schockiert, als bekannt wurde, daß man durch unterschwellige Reklame, die für das bloße Auge unsichtbar ist, Menschen beeinflussen kann. Bei einer Untersuchung von vierzigtausend Kinobesuchern stellte man eine drastische Veränderung in deren Kaufverhalten fest. Der Absatz zweier, durch Werbung in Sekundenbruchteilen in das Unterbewußte eingebrachter Artikel stieg bei dem einen um zwanzig Prozent, bei dem anderen um fünfzig Prozent an.

Oder ein weiteres Beispiel, welch starke manipulative Kraft der Suggestion beizumessen ist: Der ADAC zeigte schon vor Jahren anhand einer Langzeitstudie auf, daß abergläubische Fahrer dreißig Prozent mehr Unfälle am Freitag, den 13. haben als Autofahrer, die auf Irrglauben verzichten. Abergläubische Fahrer leben gefährlich, weil sie den falschen »Glauben« haben.

Der durchschnittliche jugendliche Fernsehkonsument in der BRD hat, ehe er volljährig ist, einige 10.000 Gewaltakte bis hin zu Folterungen und Mord sowie darüber hinaus über das Kanal- und Videofernsehen einige Pornos gesehen. Ist es da noch verwunderlich, daß 1960 die Psychotherapieexperten jeden zwölften Schüler für therapiebedürftig hielten,

1976 jedes vierte Kind, wogegen man heute schon von jedem dritten Kind spricht?

Wie konnte Adolf Hitler ein Volk von intelligenten Menschen so manipulieren, daß es an den deutschen Herrenmenschen glaubte, mit Begeisterung für den Führer in den Krieg zog und daß in seinem Namen Millionen von Juden brutal ermordet wurden? Die Antwort lautet: Ist unser Unterbewußtsein mit bestimmten Informationen z.B. durch ausgeprägte manipulative Medienpropaganda aufgeladen, veranlaßt es das Bewußtsein zu handeln, selbst wenn das Bewußtsein nur eine geringfügige Übereinstimmung zeigt. Viel irrationales Verhalten ließe sich so erklären. Dämonisierte Suggestionsredner wie Hitler und Jim Jones gibt es heute immer noch. Wehe, wenn sie die Medienplattform für ihr Wirken bekommen!

Durch die Unmenge an schlimmen Informationen und die negative Dauerberieselung durch den Fernseher ist das Unterbewußtsein bei den meisten Menschen zur Kloake verkommen. Unser Unterbewußtsein ist mit der Kassette eines modernen automatischen Anrufbeantworters vergleichbar, die unendliche Speicherkapazität für Eindrücke, Impulse, Wissen und Erlebtes enthält. Wie die Festplatte eines Computers schluckt unser Unterbewußtsein ohne Bewertung alle Informationen. Da die Playtaste für das Unterbewußte häufig gedrückt ist, kommt es immer wieder zu gedanklichen Querschlägern, die uns dann oft ganz woanders zu schaffen machen.

Schon Luther wies darauf hin, daß destruktive Gedanken wie Vögel sind, die ihr Nest auf unserem Kopf bauen wollen. Um das wiederum zu verhindern, müssen wir uns aktiv gegen sie zur Wehr setzen. Angeschlossen an die elektronische Mutterbrust (TV), ziehen destruktive Gedankenimpulse, Informationen und Eindrücke wie ein niemals endender gewaltiger Vogelschwarm durch unser Bewußtsein und Unterbewußtsein. Viele dieser »Gedankenvögel« picken uns die letzten guten Werte aus der Seele, die einst durch Gottes Wort in unser Herz gepflanzt waren. Die Kraftquelle, die unserem Unterbewußtsein zugrunde liegt, kann aber auch für das Positive genutzt werden. Schon Paulus erkannte die Chancen eines erneuerten Sinns.

Der Ursprung gedanklichen Übels

Satan, der auch *Vater der Lüge* (Joh 8,44), *Fürst der Luftgebiete* genannt wird, besitzt territoriale Gewalt im Atmosphärischen und Gedanklichen. Ursprünglich war Luzifer wie Michael und Gabriel ein Unterherrscher oder Erzengel, der wie sie, von Gott geschaffen, im himmlischen Reich lebte. Noch bevor Menschen unseren Globus bevölkerten, zettelte Satan aus Auflehnung und Stolz einen Aufstand gegen Gott an, dem zunächst sein peinlicher Fall aus der himmlischen Welt folgte (Jes 14,12-15). Durch die Ereignisse im Garten Eden geriet die Herrschaft über die Erde und deren Bewohner zunehmend unter Satans verlogenen Einfluß. Da der größte Kampfplatz der Weltgeschichte die menschliche Gedankenwelt ist, liegt hier gewissermaßen sein Ansatzpunkt, die Brutstätte seiner Lügen, die unsere Welt aus unzähligen Wunden bluten läßt. Logischerweise kämpft er um unsere Gedankenwelt und probiert hierbei, über alle ihm zur Verfügung stehenden Kanäle unbemerkt einzudringen. Im Gegensatz zum *Vater der Lüge* ist Jesus Wahrheit. Er selbst sagte:»… und die Wahrheit wird euch frei machen« (Joh 8,32).

Mit der Wahrheit ist es wie mit einer Landkarte. Sie gibt uns Auskunft über unseren momentanen Standort und sie zeigt uns den Weg zu dem Ziel, das wir anpeilen. Leider sind die Karten der letzten Jahrzehnte durch einen erheblichen Werte- und Wahrheitsverlust immer ungenauer und verschwommener gezeichnet worden. Natürlich gibt es hierfür Gründe, denn bei der Wahrheit zu bleiben, etwa bei der Steuererklärung, einem Bußgeldbescheid oder bei Schulprüfungen, fällt keinem leicht.

Da göttliche Wahrheiten zu wenig angenommen werden, kommt es immer häufiger zum »Kopfsalat«, dem chaotischen Durcheinander im Hirn, dem nun Heerscharen von Therapeuten und Seelsorgern beikommen sollen. Jesus Christus war der einzige Mensch, der gedanklich, emotional fehlerfrei auf Wahrheit »programmiert« war. An ihm, der die Wahrheit ist und sie verkörpert, dürfen wir uns getrost in einer orientierungslosen Zeit orientieren.

Befreiende Wahrheit ist oftmals mit dem Preis verbunden, daß wir gegen den Strom schwimmen müssen. Wer zur Quelle der Wahrheit gelangen will, muß gegen einen gewaltigen Strom von Lügen anschwimmen. Wer nicht bereit ist, diese Energie aufzubringen, treibt mit den geistlich toten Fischen im Strom zurück. Eigentlich sind wir zu etwas anderem gerufen und sollten wissen, daß nur die Wahrheit freimacht und ans Ziel bringt. Es lohnt sich also, bei der Wahrheit zu bleiben, die am Ende immer siegt. Der Kettenraucher, der die Wahrheit ignoriert, daß man bei einer Pulverfabrik nicht raucht, erlebt sein explosives Wunder. In ähnlicher Weise ergeht es jedem, der die Wahrheit (Jesus) oder andere objektive Wahrheiten zu ignorieren versucht.

Gedanken und ihre Auswirkungen

Es ist eine alte Weisheit, die sagt:»Wie ein Mensch in seinem Herzen denkt, so ist er.« Es sind unsere Gedanken, die entscheiden, ob wir Siege oder Niederlagen erleben, mit Minderwertigkeit oder Selbstbewußtsein durch das Leben gehen. Jemand, der sein Denken mit der»Keiner-mag-mich«-Philosophie erfüllt, dessen Verhalten spiegelt diese verinnerlichte Überzeugung auch wider. Unbewußt, aber automatisch zwingt er seinen Mitmenschen auf, daß sie doch eher einen Bogen um ihn machen sollten. Ein erleuchteter Vegetarier, der auf Körner programmiert ist, wird nicht am Metzgerladen vorbeigehen können, ohne daß seine Seele Schaden leidet. Jemand, der sich immer wieder benachteiligt und übervorteilt sieht, merkt natürlich auch nicht, daß die Opferrolle, in der er steckt, selbstgezimmert ist.

Ein Mann, der zu mir in die Seelsorge kam, litt an einem ausgeprägten Krankheitsbewußtsein. Wir fanden heraus, daß seine ängstliche Mutter in seinen zum Teil kränklichen Jugendjahren kräftig Krankheitsgedanken in sein Unterbewußtsein eingesät hatte. Unter dieser erstklassigen Anleitung erschuf er sein Krankheitsgefängnis, obwohl es ihm gesundheitlich, von seinen angekränkelten Gedankenphantasien mal abgesehen, nicht sonderlich schlecht ging. Ein anderer Mann dachte ebenfalls nur über Krankheiten nach und kreierte eine Angstatmosphäre vor Krankheiten, die ihm einen längeren Aufenthalt in einer psychiatrischen Klinik bescherte, weil man keine seiner eingebildeten Krankheiten feststellen konnte.

Selbstfabrizierte Not entspringt häufig folgenden Gedanken, die sich, über Jahre hinweg gepflegt, als Grundmuster verinnerlichen:

– Ich tauge nichts, denn alles, was ich anpacke, mache ich falsch.

– Ich bin bedeutungslos, ich bin doch nur ein …

- Man übersieht mich regelmäßig und allen bin ich gleichgültig.

- Ich verstehe es nicht, warum muß es immer mich so hart treffen.

- Was erwartet man denn noch alles von mir?

- Ich kann nicht, ich werde es nicht schaffen.

- Ich habe Angst, es wird immer schlimmer.

- Ich habe einfach keinen Glauben.

- Ich bin arm, ich glaube, ich werde krank.

- Ständig greift man mich an.

- Ich sehe nicht besonders gut aus.

- Ich kann mich einfach nicht mehr freuen.

- Ich kann nicht mehr, usw. (Bitte ergänzen ...).

»Rohrfrei« für verstopfte Gedankengänge

Erneuertes Denken fließt niemals durch verstopfte Gänge negativen Denkens. Erst die Grundsatzentscheidung, positive Glaubensgedanken aufzunehmen und zu verinnerlichen, wirkt wie »Rohrfrei« (ein scharfes Mittel zur Reinigung verstopfter Abflußrohre): Ein neues Lebensgefühl bahnt sich den Weg, wenn wir einen erneuerten Sinn entwickeln, indem wir das oben genannte Elendsvokabular abschaffen und durch einen völlig neuen Wortschatz ersetzen. Statt der ewigen Lamentos werden nun häufiger ganz andere Gedanken unser Reden und Handeln bestimmen:

> »Du, Herr, bist mein Hirte; darum kenne ich keine Not« (Ps 23,1).

»Allem bin ich gewachsen, weil Christus mich stark macht«
(Phil. 4,13).

»Wer Gott vertraut, dem ist alles möglich« (Mk 9,23).

»Menschen können das nicht machen, aber für Gott ist nichts
unmöglich« (Mt 19,26).

»Alle, die ihm mit redlichem Herzen folgen, finden bei ihm
Schutz und Hilfe« (Spr 2,7).

»Der Herr ist mein Licht, er befreit mich und hilft mir, darum
habe ich keine Angst« (Ps 27,1).

»Ich habe keine Angst! Du, Herr, bist bei mir« (Ps 23,4).

»Wir wissen aber, daß denen, die Gott lieben, alle Dinge zum
Besten dienen« (Röm 8,28 Luther).

»Danket Gott, dem Vater, zu jeder Zeit für alles im Namen
unseres Herrn Jesus Christus« (Eph 5,20).

»Jeden, der sie (die Worte Gottes) befolgt, erhalten sie bei
Leben und Gesundheit« (Spr 4,22).

Zur Wahrheit, die uns frei macht, gehört auch, was Gott über unseren
Wert, unsere Würde, Bestimmung und Stärke sagt. Solange wir in Minderwertigkeitsgedanken schwelgend über Rachepsalmen meditieren und
Gott obendrein als nörgelnden Polizei- und Rachegott verstehen, der nur
auf Sünde und Schwäche fixiert ist, werden wir durch diese Einseitigkeit
blockiert und nicht zur Entfaltung kommen. Paulus gibt uns im Römer-
brief Kapitel 12, Vers 2 eine unmißverständliche Mahnung:

»Paßt euch nicht den Maßstäben dieser Welt an. Laßt euch
vielmehr im Innersten von Gott umwandeln. Laßt euch eine
neue Gesinnung schenken. Dann könnt ihr erkennen, was Gott
von euch will. Ihr wißt dann, was gut und vollkommen ist und
was Gott gefällt.«

Die Ermahnung, daß wir unseren Sinn erneuern lassen sollen, ist weder eine Bitte noch ein liebevoller Vorschlag. Vielmehr ist sie ein massiv warnender Appell, der uns zum richtigen Handeln anspornen will. Ein erneuerter Sinn ist noch keinem als göttliche Segnung vom Himmel in den Schoß gefallen, noch ist er durch die Gebete anderer einfach so in uns hineingeraten. Vielmehr wird er durch positive Entschlossenheit, Selbstdisziplin, Ausdauer und klare Zielsetzung erworben.

Deine Gedanken bestimmen, wer Du in zehn Jahren sein wirst

Kommen wir zum zentralen Punkt. Leidest Du an Minderwertigkeitskomplexen, Angst, Schuldgefühlen oder irgendeinem inneren Gefühl, eigentlich bedeutungslos zu sein? Die Art und Weise, wie wir atmen, sprechen, beten sowie unsere Körperhaltung geben anderen Auskunft darüber, ob wir niederdrückende Gedanken in uns tragen oder nicht. Deine Gedanken haben aus Dir gemacht, was Du bist und sie werden Deine Zukunft bestimmen, nämlich den Menschen, der Du in acht bis zehn Jahren sein wirst. Man kann sogar mit großer Wahrscheinlichkeit voraussagen, was Deine derzeitige Geistes- und Glaubenshaltung dann aus Dir gemacht haben wird.

Aus diesen Gründen setzt ein erneuerter Sinn in den tiefsten Schichten unseres Unterbewußtseins an. Indem wir heilende biblische Wahrheiten anerkennen, sie uns geistig »einverleiben«, beginnt ein Kampf um einen Sieg im Bereich des Unbewußten. Jeder Mensch hat die Möglichkeit, seinen Geist auf Sieg einzustellen. Wir sind dazu berufen, erfolgreich zu glauben. Hierbei bürdet uns der Glaube keine neuen Probleme auf, sondern er hilft uns, sie zu überwinden. Hast Du eine positive, gesunde Glaubenshaltung und siehst Du Deine Zukunft mit Jesus in einem hellen Licht? Oder bist Du zu einem gewissen Teil von einem zerstörerischen Pessimismus beseelt? Unsere Glaubens- und Gedankenwelt ist für unsere Zukunft in Christus von großer Wichtigkeit, denn uns geschieht ja nach unserem Glauben (Mt 9,29). Das wiederum bedeutet, daß unsere Glaubens- und Gedankenwelt *das* magnetisch anzieht, was wir denken und glauben. Begrenzter Glaube erzielt bescheidene Resultate, wogegen großer Glaube uns neue Erfahrungshorizonte erschließt. Weil die meisten Menschen kleindenkend im »Unglauben« leben, erzielen sie nur minimale Ergebnisse. Unser Glaube oder Unglaube enthält enorme Möglichkeiten, die entweder brach liegenbleiben oder verwirklicht werden. Deshalb ist es wichtig, daß unser Beten, Denken und Handeln sich am besten Therapeuten und Lebensgefährten orientiert, den wir uns vorstellen können: Jesus Christus. Ich persönlich bin fest von seiner Sehnsucht überzeugt, daß wir größer denken, größer glauben und groß handeln, denn er sagt: »Euch geschieht nach eurem Glauben«.

Großer Glaube gebiert Großes und große Gedanken bescheren uns große Resultate, wogegen Kleinglauben und kleinliches Denken uns nur kleinste Früchtchen bescheren. Dieses Buch wird Dich ermutigen, Deinen Geist mit großartigen, positiven Glaubensgedanken und Wahrheiten zu füllen, damit Du Deinen jetzigen Glaubenshorizont weit übersteigst.

Sechsmal »Rohrfrei«

1. Er litt an »Nörgelitis« und »Pessimitis«

Vor einigen Jahren kam ein Mann zu mir in die Seelsorge. Mit wehleidigem, pessimistischem Ausdruck erzählte er mir von seiner psychologisch-therapeutischen Odyssee, den vielen Seelsorgern und Therapeuten, die ihm nicht helfen konnten. Inzwischen, so schien es mir, war er selbst zu einem Fachmann über sein früheres Leiden geworden.
Zwei Stunden hörte ich mir damals einen psychoanalytisch fundierten Vortrag an. »Ich hoffe«, sagte er, »du kannst mir helfen!« »Ja«, sagte ich. Ich spürte, daß ich ihm die Wahrheit über sein Leid nicht mit Samthandschuhen präsentieren sollte, und so sagte ich: »Du leidest an zwei Krankheiten!« Erstaunt sah mich mein Gegenüber an. Ich fuhr nach einer Weile fort. »Diese Krankheiten heißen Nörgelitis und Pessimitis. Diese beiden Geisteshaltungen sind deine Gedankenfreunde, von denen du dich dringend trennen solltest.« Er schluckte und schien um eine Schattierung grauer zu werden. Meinen Worten folgte eine Ernüchterung, die jedem Rausch folgt, und wir kamen voran wie ein Laubfrosch im Sirupglas. Natürlich gab es jetzt auch an meiner Seelsorge etwas auszusetzen, weswegen er mich auch nicht wieder aufsuchte. Ohne die Bereitschaft, mit verhängnisvollem Denken zu brechen, wird es keinen Durchbruch in ein besseres Leben geben.

Wie wir bereits wissen, können Gedanken zu massiven zwanghaften Leitmotiven werden, die Macht über Menschen gewinnen und diese in Verzweiflung führen. Manchmal scheinen sie an der Seele zu kleben wie eine Tätowierung auf der Haut. Kann man massive Schuldgefühle vom inneren Menschen entfernen oder die Stimme loswerden, die sagt: »Spring vor den Zug«? Wir alle kennen unreine Gedanken, doch was können wir tun, wenn sie zu stark werden? Was ist zu tun, wenn wir uns in die falsche Person verlieben? Auf all diese Fragen möchte ich mit verschiedenen Beispielen aus der Seelsorge eine Antwort geben. Sicherlich läßt sich hier keine Grundformel für die Befreiung aus zwanghaftem Denken ableiten, worauf ich auch keinen Anspruch erhebe. Was wir jedoch lernen, ist, daß keine Situation der anderen gleicht und wir jeweils einen anderen Zugang zur Lösung eines Problems brauchen.

2. »Der Herr hat mir gezeigt.«

Vorsicht vor dem Satz:» Der Herr hat mir gezeigt.«
»Der Herr hat mir gezeigt, daß ich diese Frau heiraten soll«, sagte mir ein junger Mann.»Doch sie reagiert nicht auf mich. Von Anfang an hat sie das Reden Gottes in den Wind geschlagen. Das geht nun schon ein Jahr lang so.« Natürlich mußte ich mir bei all dem Ernst, den er bei seinem Reden empfand, ein Schmunzeln verkneifen. Er hatte sich in sein religiöses Gedankenmuster verbissen wie ein Pudel in ein Hosenbein und er schien davon nicht mehr loszukommen. Durch seine verdrehte Religiosität war die junge Dame ihm zusätzlich noch in den Kopf gestiegen wie ein zu starkes Parfüm. Ich fragte ihn frei heraus.»Möchtest du, daß ihr beide weiter leidet? Du, weil du ständig einen Korb kriegst und sie, weil sie schon unter einem Verfolgungswahn leidet? Wenn du aber zwei Menschen glücklich machen willst, dann höre auf zu sagen: ›Der Herr hat es mir gezeigt‹.« Ich erklärte ihm, daß der Herr am allerwenigsten an diesem religiösen Tiefsinn interessiert sei. Zum Glück wurde der junge Mann einsichtig und eine hübsche Dame fühlte sich nicht mehr belästigt. Diese Desillusionierung befreite ihn von allen falschen Gedanken.

Vergessen wir nicht: Verliebten fliegen geistliche Bestätigungen nur so zu wie einem streunenden Hund die Flöhe. Immer wieder erlebte ich ein ungutes Fixieren auf einen Menschen. Eine Frau sagte mir in einer Aussprache.»Wenn ich den Mann nicht kriege, den Gott mir gezeigt hat und er mich nicht will, dann will ich eben keinen.« Weil sie sich viel zu lange auf eine Illusion fixiert hatte, waren wunderbare Lebenschancen vertan.

Wenn jemand zu mir kommt und seine Konversation mit den Worten beginnt:»Der Herr hat mir gezeigt«, kriege ich oft ein flaues Gefühl in der Magengegend. Oft drückt sich ein solcher Mensch um Entscheidungen, indem er sich immer wieder Bestätigungen»von Gott« bzw. von »begabteren« Geschwistern oder Leitern holt. Auf diese Weise – so erwartet er es zumindest – könne er mit allergrößter Wahrscheinlichkeit vermeiden, auf Umwege, in Fettnäpfchen oder ins selbstgeschaffene Chaos zu treten.

3. Die Abtreibung ließ sie nicht mehr los

Monika, eine junge Frau, die an einer degenerativen, rheumatischen Gelenkserkrankung litt, kam in die Seelsorge. Mit blassem, leblosem Gesicht saß sie auf dem Sofa. Das Leben schien sich aus ihr völlig verflüchtigt zu haben. Sie erzählte, daß sie sich ständig die Freuden des Lebens vorenthalte, sich unterdrücke und zwanghaft bestrafen müsse. Sie gönne sich schon seit Ewigkeiten keinen Kinobesuch, keinen Spaß, kein ausgelassenes Essengehen mit Freunden. Ihre Gedankenwelt schien eine Herberge für lebensverneinende und depressive, verdammende Gedanken zu sein. Ich erfuhr von ihr, daß sie vor einigen Jahren zweimal abgetrieben hatte, als sie noch Anhängerin der »Mein-Bauch-gehört-mir«-Einstellung war.

Unter den verdrängten, halbeingefrorenen Schuldgefühlen hatte ihr Gemütsleben in den letzten Jahren viel gelitten. Psychologisch betrachtet befand sie sich im Gefängnis der Selbsterlösung, denn im Versuch, Schuld loszuwerden, bestrafte sie sich immer wieder selbst, was Härte gegen sich selbst bis zum Selbsthaß miteinschloß.

Für Monika war es befreiend zu verstehen, daß jeder Selbsterlösungsversuch von Schuld zum Scheitern verurteilt ist, und daß innere Heilung und Befreiung von Schuldgefühlen nur dann geschehen, wenn wir die Gnade Gottes durch Jesus annehmen, der für unsere Sünden starb. Wir können deshalb komplett auf jeden Selbstbefreiungsversuch verzichten, der irgendwie unser Schuldkonto ausgleichen sollte. Hatte nicht Paulus, der einmal Christen umbringen ließ, gesagt:»Merkt ihr nicht, daß

Gott euch durch seine Freundlichkeit zur Umkehr bringen will?« (Röm 2,4)? Die Erkenntnis dieser Aussage hatte aus einem mordenden Saulus den von vielen verehrten Völkerapostel gemacht. Auch Paulus hatte lernen müssen, daß er seine Schuldgefühle loslassen mußte, um befreiende und heilende Gnade anzunehmen. Als Monika zu beten anfing: »Gott, vergib mir, vergib mir«, brach ein innerer Staudamm, so daß Tränen über ihr Gesicht strömten, die neben ihrem Hosenbein auch noch den Boden naß machten. Nach einer Pause betete sie weiter: »Jesus, tief in meinem Herzen wünsche ich, daß es meinen Kindern gut geht. Bitte nimm sie an deine Hand, ich übergebe sie dir.« Ich erklärte ihr, daß ihre Kinder durch ihr Gebet nun in besten Händen seien. Sagt nicht Gott selber: »Ehe ich dich im Mutterschoß bildete, habe ich dich erkannt.« (Jer 1,5). In Psalm 139, Vers 16 heißt es: »Du sahst mich schon fertig, als ich noch ungeformt war. Im voraus hast du alles aufgeschrieben; jeder meiner Tage war schon vorgezeichnet, noch ehe der erste begann.«

Im Namen Jesu sprach ich Monika frei von ihrer Schuld und allen verdammenden Gedanken und sagte ihr, daß das, was sie gequält habe, ein für allemal vor Gott erledigt sei. Zum erstenmal seit Jahren empfand sie tiefen inneren Frieden und für Monika schien die Sonne wieder. Zwei Wochen später berichtete sie mir, daß ihre Gelenkbeschwerden sich seit unserem letzten Gebet verbessert hätten. Offensichtlich hatten ihre Schuldgefühle zum Teil zu einer Verschlimmerung ihrer Krankheit beigetragen.

Aus einem sich selbstkasteienden, asketischen Lebensabstinenzler, der sich zwanghaft gottgeschenkter Vergnügungen beraubte, wurde ein Mensch, der wieder frei durchatmen konnte. Jetzt konnte sie wieder am Leben teilnehmen, eine Mahlzeit genießen, sich an schönen Düften und Menschen erfreuen.

4. Die Selbstzerstörungsimpulse einer sympathischen Dame

Vor vielen Jahren hatte ich mich bis über beide Ohren in eine faszinierende, hübsche und attraktive Persönlichkeit so verliebt, daß mir nichts anderes übrig blieb, als diese Dame zu heiraten. Damals brachte ich sie sehr regelmäßig zum Bahnhof und sie berichtete mir, daß bei jedem Zug, der in den Bahnhof einfuhr, eine innere Stimme sie bedrängen würde: »Spring vor den Zug!« Wie ein Reptil im Halbdunkeln, das auf Beute lauert, sprang sie dieser Gedanke regelmäßig an. Sie fürchtete, daß dieser Zwangsimpuls sich eines Tages einmal durchsetzen könnte. Heute weiß ich, daß ein sehr großer Prozentsatz unserer Mitmenschen unter solchen und ähnlichen selbstzerstörerischen Gedanken leidet. Obwohl ich damals noch kaum etwas von Seelsorge verstand, befahl ich jeder dunklen Macht im Namen Jesu aus den Gedanken, Gefühlen und dem Körper zu weichen. Auch Sabine löste sich im Namen Jesu von dieser Gedankenkraft und sagte sinngemäß folgendes: »Die Wahrheit macht mich frei und die Wahrheit lautet, Christus in mir springt nicht vor fahrende Züge.« Von einer Minute auf die andere war sie von diesen Zwangsimpulsen komplett befreit. In den letzten dreizehn Jahren ist dieser Gedanke kein einziges Mal mehr aufgetaucht.

5. Er liebte zwei Frauen gleichzeitig

Es gibt andere negative Gedankenkräfte, unter denen Menschen leiden, die wir in ähnlicher Weise durch die uns verliehene Autorität Gottes auflösen können. Ein junges Paar, das sehr gut zusammen paßte und kurz vor der Hochzeit stand, hatte ein großes Problem: Der junge Mann hatte sich in eine andere Dame verliebt. Völlig verwirrt und verzweifelt erzählte er seiner Verlobten, daß er sie und die andere liebe. Immer wieder beteuerte er, daß er sie liebe, doch diese Sätze klangen in ihren Ohren wie die Liebeserklärung eines betrunkenen Barkeepers.

Nach einer klärenden Aussprache verstand er, daß er in seiner Gedankenwelt zu viele erotische Phantasieblüten hatte wachsen lassen. Trotzdem verwirrte ihn, wie sehr er sich auch emotional zu der anderen Person hingezogen fühlte, was ein merkwürdiges Gefühlsgemisch in ihm auslöste. Da er erneut eine Entscheidung für seine Verlobte traf, löste er sich von allen falschen Gedanken. Als im Namen Jesu alle gedanklichen und emotionalen Bindungen gelöst waren, lagen sich beide vor Freude weinend in den Armen. Heute sind beide seit zehn Jahren glücklich verheiratet.

Fast jeder Mensch, der in einer festen Beziehung steht, kommt in seinem Leben an den Punkt, wo er sich in eine andere Person verliebt oder zumindest kurz davor steht. Sollte dies der Fall sein, so ist es wichtig, daß man nicht mit Gedanken und Gefühlen spielt, sondern offen miteinander spricht, gemeinsam betet und der betreffende Partner sich

gedanklich und emotional von der Person löst, in die er sich verliebt hat.
Hat der Partner des Verliebten mit Eifersuchtsgedanken zu kämpfen oder ein »historisches«, also nachtragendes Gedächtnis, so sollte man einen Freund aufsuchen und den Vorgang wie beschrieben im Gebet vor Gott bringen. Meine Erfahrung ist die, daß solche Gebete Wunder wirken.

6. Der Kampf um reine Gedanken

Da man zu diesem Thema allein ein Buch schreiben könnte, muß ich mich auf einige wesentliche Gedanken beschränken. Eine Frau, die zuläßt, daß ihr Mann sexuell ausgehungert mit gierigen Augen interessiert nach anderen Frauen schaut, begeht einen ebenso großen Fehler wie der Mann, der dafür sorgt, daß die Gefühle seiner Frau für ihn erkalten. Ob verheiratet oder nicht, die Sehnsucht nach sexueller Befriedigung übt einen starken Einfluß auf unsere Gedankenwelt aus. Ein unbeherrschter Sexualtrieb haut uns wie Simson aus der geistlichen Bahn.

Jakobus sagt zurecht: »Es sind die eigenen Wünsche, die den Menschen ködern und fangen. Wenn einer ihnen nachgibt, wird sein Begehren gleichsam schwanger und gebiert die Sünde. Und wenn die Sünde sich auswächst, führt sie zum Tod« (Jak 1,14-15).

Lenken wir jedoch den stärksten Trieb, den Geschlechtstrieb, in die richtigen Bahnen, so wird uns viel Kummer erspart. Wird Sexualkraft integriert oder zielgerichtet umgeleitet (sublimiert), so sind wir zu gewaltigen Leistungen fähig, die für ein höheres Ziel eingesetzt werden können.

Ein reisender Evangelist legte in seinem Hotel, in dem er übernachtete, ein Handtuch über den Fernseher. Ein mir bekannter Prediger fragte ihn, was das solle? Der Evangelist antwortete: »Weißt du, ich bin auf einer Reise mit einem Ziel. Meine Hand reagiert im Normalfall wie hypnotisiert, wenn ein Fernseher im Raum steht. Meine Finger fangen plötzlich an, wie fremdgesteuert wild irgendwelche Knöpfe zu drücken. Das Handtuch signalisiert mir: ›Stop, mein Freund, du bist auf einer Reise mit einem großem Ziel. Du mußt dir nicht via Bildschirm deine Unlustgefühle vertreiben!‹ Gott gab uns doch nicht schöpferische Vorstellungskraft, damit wir unsere erotische Ansprechbarkeit durch die Mattscheibe falsch polen. ›Der Tag des Herrn beginnt nachts, wenn RTL und Sat 1 ihr Programm bringen.‹«

Wenn wir uns gehen und uns von unseren ungeordneten Gefühlen leiten lassen, werden wir von ihnen aufs Glatteis geführt und setzen uns somit der Gefahr aus, daß wir uns den Hals brechen. In diesem Zusammenhang möchte ich einen der Väter und Pioniere in Sachen Seelenhygiene und erneuertes Denken zu Wort kommen lassen – David sagte: »Ich will nichts Böses vor mein Auge setzen« (Ps 101,3 Elberfelder). Ich zitiere den gleichen Autor noch einmal: »Laß das Reden meines Mundes und das Sinnen meines Herzens wohlgefällig sein vor dir, oh Gott.« (Ps 19,15 Elberfelder). Bedenke: Es gibt eine Sache im Leben, über die Du auf Grund Deines freien Willens Kontrolle ausüben kannst: Es sind Deine Gedanken.

Die Methode des Gedankenstops

Wenn verinnerlichte Lügen sich ununterbrochen zu Wort melden und scheinbar nicht zu stoppen sind, so kann die Methode des »Gedankenstops« ein hilfreiches Werkzeug sein. Zunächst einmal konzentriert man sich auf die besorgniserregenden Gedanken, die Ärger, Frust und Ängste heraufbeschwören. Für eine knappe Minute sagen wir im Namen Jesu deutlich und energisch STOP. Du wirst merken, daß die negative, emotionale Gedankenkette eine Unterbrechung erlebt und es jetzt leichter fällt, sich auf die wohltuenden, befreienden Wahrheiten einzulassen und sie zu verinnerlichen. Hierbei ist der Gedankenstop weder Wunderwaffe, noch räumt er eingefahrene Lügen aus dem Hirn. Vielmehr bringt er all denen, die sich leicht in ihre Probleme hineingrübeln, eine Entlastung, die es zu nutzen gilt. In diesem Buch wirst Du noch weitere Hilfen und Möglichkeiten im Umgang mit destruktivem Denken kennenlernen, um ein Sieger zu sein, bevor Du besiegt wirst.

In diesem Kapitel sprach ich den Themenkreis zwanghafter Leitgedanken an. Hierbei wurde deutlich, daß viele Zwangsimpulse sowie zwanghaftes Grübeln sich lösen, wenn der jeweils zugrundeliegende Kernkonflikt seelsorgerlich in der Kraft Gottes »bearbeitet« wird. Ich möchte noch darauf hinweisen, daß in manchem zwanghaften Denken und Grübeln die Mediziner einen hirnpathologischen Zusammenhang sehen. Man vermutet eine funktionelle biologische Störung, die man durch Medikamente zu lösen sucht.

Kapitel 3

Vom Mangeldenken zu verheißungsorientiertem Denken

Wer immer wieder mit seiner Not, dem leeren Geldbeutel, einer Krankheit oder einer angeblichen Unfähigkeit hausieren geht, bekennt sich zu einer Mangelphilosophie. Es kann an allem möglichen mangeln: meist am Aussehen, an der Intelligenz, an der körperlichen Verfassung, einer vernünftigen Arbeit, an guten Freunden, einer guten Gemeinde oder einem guten Partner. Bildlich gesprochen sind wir in dieser Haltung Königskinder, die sich im Bettlergewand präsentieren. Solche Königskinder stellen sich häufig folgende Fragen: Darf ein Christ erfolgreich, kühn und rundherum glücklich sein? Dürfen wir als Gottes Kinder wirklich einiges von unserem Vater im Himmel erwarten oder versuchen wir dadurch Gott? Ist Mangeldenken eine demütige Tugend oder vielleicht doch ein Fluch oder zumindest eine Form des Unglaubens?

Ein ausgeprägtes Mangeldenken ist eine sündige Form des Unglaubens, der Gottes Zusagen und Verheißungen mißachtet und ihn im Licht eines willkürlichen, knausrigen Despoten erscheinen läßt.

Wer Mangeldenken als christliche Tugend glorifiziert, ist auf dem Holzweg, der geradewegs an Jaweh Jireh, dem Versorger, vorbeiführt.

Verwandle Mangeldenken in verheißungsorientiertes Denken

Der erste Schritt, der vom Mangeldenken zum verheißungsorientierten Denken führt, lautet: Denke nicht über das nach, was Dir an Eigenschaften oder Gütern zum Leben abgeht, sondern über das, was Du schon durch die Liebe Gottes erhalten hast. Ein Gott, der Jungfrauen und Neunzigjährige schwanger werden läßt, ein Gott, der ein Meer öffnet, Tausende mit einem Brot speist, ein Gott, der Manna vom Himmel regnen läßt, der seinen Sohn opferte und heute immer noch Kranke heilt und Niedergeschlagene ermutigt, ist weder arm noch knausrig. Alles, was er will, ist eine ungeheuchelte Beziehung, in der er um alles gebeten werden kann.

Bitte den intelligentesten, interessantesten und liebevollsten Vater um Weisheit, Leitung und Hilfe. Vor einigen Monaten brauchte ich einen neuen Wagen, um meinen Dienst vernünftig durchführen zu können, denn mein alter Wagen zeigte problematische Symptome von Altersschwäche. Ich betete: »Herr, du sagst: ›Bittet, und ihr werdet bekommen!‹ (Mt 7,7); ›Ihr habt nichts, weil ihr nicht bittet‹ (Jak 4,2 Elberfelder), also bitte ich dich: Hilf mir bitte auf irgendeine Weise, an ein vernünftiges Auto heranzukommen. Dein Wort sagt weiterhin: ›Trachtet zuerst nach dem Reich Gottes, so wird euch solches alles zufallen‹ (Mt 6,33 Elberfelder). Herr, ich trachte ganz nach deinem Reich, und genau deshalb brauche ich ja einen neuen Wagen.« Plötzlich fiel mir noch eine Verheißung ein, die auf dieser Linie lag. »Laß den Herrn die Quelle deiner Freude sein: Er wird dir jeden Wunsch erfüllen« (Ps 37,4).

Als ich meine Herzenshaltung auf diese Aussage hin überprüft hatte, stellte ich fest, daß ich im Inneren wirklich glücklich über den Herrn war. Und da fing ich an, mich über die Tatsache zu freuen, daß sich mein Herz unter dieser Voraussetzung ruhig etwas wünschen dürfe. Auf diesem Hintergrund wuchs und verdichtete sich Hoffnung zu Glauben. Ich wußte, daß der Herr sich um meinen Mangel kümmern würde. Etwa zwei Wochen später bekamen wir einen gebrauchten Volvo geschenkt und das, obwohl der Spender nichts von meiner Notlage wußte. Nicht der Mangelglaube hilft uns, sondern der Glaube an einen guten himmlischen Vater. Halten wir uns also an der schlichten, von David besungenen Tatsache fest: »Du, Herr, bist mein Hirt, darum kenne ich keine Not« (Ps 23,1).

Durch den zielstrebigen Entschluß, verheißungsorientiertes Denken und Glauben anzuwenden, werden verhängnisvolle Gedankengänge für immer aufgelöst. Durch eine biblisch erneuerte Denkweise wurden Ehen gerettet, Menschen von Depressionen befreit, Kranke wieder gesund, Schüchterne kühn und Resignierte wieder zuversichtlich. Unzählige Menschen fanden zu neuem Lebensmut, Freude und Frieden, indem sie ihr Denken in eine neue Richtung lenkten. Wie schafft man es, seine angegriffenen Nerven wieder in den Griff zu bekommen? Wie schöpft man Mut, um allmählich gesund und froh zu werden? Auf den nächsten Seiten dieses Kapitels werde ich an verschiedensten Beispielen des Lebens aufzeigen, wie wir Mangeldenken in verheißungsorientiertes Denken verwandeln können.

»Brainblocker« auflösen

Als Menschen neigen wir allesamt dazu, uns mehr oder weniger durch die Art unseres Denkens zu blockieren. Auf diese Weise entstehen oftmals »Brainblocker«, die so etwas wie Festungen sind, die Macht über unsere Gedanken bekamen. Da es nicht unser Ziel sein kann, falsch Verinnerlichtes ständig zu wiederholen, sollten wir bereit sein, begrenzendes, selektives Betrachten und Denken zu durchbrechen und uns gute, gesunde, biblische Denkgewohnheiten zuzulegen. Da ein erneuerter Sinn nicht vererbt wird, muß er von jedem, der ein glückliches und sinnerfülltes Leben nach Gottes Plan führen will, erworben werden.

Und das kostet ein kleines Stück Arbeit! Ein Teil davon ist die Beseitigung dieser Brainblocker. Ohne diese Arbeit würden wir sonst eines Tages in einer verhängnisvollen Welt leben, die uns nicht mehr gefällt. Indem wir Brainblocker abbauen, lösen sich viele problematische Grundhaltungen, an denen oft unzählige weitere Problemketten hängen.

Eine Problemlösung beginnt für uns jedoch immer erst dann, wenn wir zu unseren Problemen stehen und sie weder beschönigen noch entschuldigen. Ein Mensch, der seine Brainblocker leugnet, wird niemals die notwendige Motivationskraft und Zielstrebigkeit entwickeln, die ihn von seiner falschen Haltung befreien könnten. Nutzen wir also beim Lesen der nächsten Kapitel die Schwungkraft der Selbsterkenntnis und somit die Möglichkeit zur Veränderung. Befassen wir uns mit den wichtigsten menschlichen Brainblockern, die auch in meiner Tätigkeit als Seelsorger am häufigsten zu Tage traten.

Bevor wir dies tun, sollten wir uns folgendes vergegenwärtigen. Genausowenig wie wir durch das Lesen einer Speisekarte satt werden, werden wir durch das Lesen dieser Kapitel verändert. Vermutlich gehörst auch Du zu jenen Menschen, die gezielt nach konstruktiven Anregungen im erneuerten Denken Ausschau halten. Da es um eine optimale Effektivität in der Erarbeitung, Umsetzung und Anwendung des erneuerten Denkens geht, sollten wir uns noch schnell folgende Vier-Punkt-Vorgehensweise vergegenwärtigen:

1. Um möglichst viel Gewinn aus diesen nun folgenden Kapiteln herauszuholen, empfehle ich Dir, wie in der Schule oder im Studium mit einem gelben Filzstift »zu lesen«, das heißt, alles Dir Wichtige hervorzuheben.

2. Um nach jedem Abschnitt das für Dich bedeutsame Lernziel zu erfassen, ist es hilfreich, Dir folgende Frage zu stellen: Welche Kernsätze oder Gedanken sind für mich wichtig? Unterstreiche diese mit dem Leuchtstift.

3. Stell Dir Dein eigenes Vertiefungsprogramm schriftlich zusammen, indem Du das für Deine Weiterentwicklung Wichtige notierst. Bedenke: Der Mensch verändert sich erst durch Ziele, die er zu *seinen* Zielen gemacht hat. Wer sein Ziel formuliert, der erreicht es auch.

4. Durch ständige (tägliche) Wiederholung des Vertiefungsprogrammes verfestigt sich das erneuerte Denken und entfaltet so seine positive gestaltende Kraft. Um es mit einem Beispiel deutlich zu machen: Um richtig braun zu werden, muß ein Mensch sich häufig der Sonne aussetzen. Beim erneuerten Denken ist es ähnlich: Wird ein Gedanke nur einmal gedacht, hat er kaum Einfluß auf unser Leben; denken wir ihn hundertmal, so ist seine Auswirkung auf das Leben hundertmal intensiver. Nur auf diese Weise werden wir einen überdurchschnittlichen Erfolg erzielen.

Brainblocker 1: Ich leide an Minderwertigkeitskomplexen.

»Für meine Umwelt bin ich wertlos und für andere bedeutungslos.« Solch ein Gedanke verdeutlicht, daß hier jemand ist, der mit Versagensgedanken erfüllt ist. Sein ganzes Denken wurde durch diverse Ablehnungsbotschaften schon früh auf Versagen programmiert. Gedanken, die uns hindern, ein bedeutendes und gesegnetes Leben zu führen, lauten:

- Das ist mir zu riskant, ich trau mich nicht.
- Keiner springt über seinen Schatten und ich schon gar nicht.
- Ich habe halt ein schweres Los gezogen.
- Das war bei mir immer so und das wird auch vermutlich immer so bleiben.

(Wir sollten gegenüber solchen Verallgemeinerungen sehr vorsichtig sein, denn sie werden meist von Menschen formuliert, die selber – bewußt oder unbewußt – Opfer ihres eigenen Denkens und Redens geworden sind.)

Lieber Leser, schreibe doch gerade jetzt vier Namen von selbstbewußten Persönlichkeiten auf, die Dir persönlich imponieren. Füge hinter die Namen in knappen Stichworten Deine Begründung für ihre Stärke:

1. _____

2. _____

3. _____

4. _____

Jetzt überlege, welche Stärken alle vier gemeinsam haben:
1. _____

2. _____

3. _____

4. _____

Da Du mir bis hierhin gefolgt bist, gehörst Du zu einer ganz besonderen Gruppe von Menschen, nämlich zu denen, die aufrichtig versuchen, in ihrem Leben weiterzukommen. Weder Du noch ich können aufhören, im Selbstwertgefühl zu wachsen, es sei denn, wir haben beschlossen, nicht mehr an uns selbst zu arbeiten. Niemand wird Dir Dein wachsendes Selbstbewußtsein je rauben können, wenn Du Dich täglich immer wieder neu für Wachstum und erneuertes Denken entscheidest. Ab jetzt liegt es an Dir, denn auf Deine persönlichen Ziele kommt es an.

Es ist unser Selbstbewußtsein, das unser Selbstbild formt. Dein Selbstbild wiederum bestimmt:

- Deine Einstellung zu Deinen Mitmenschen,
- die Wahl Deines Ehepartners,
- das Klima Deiner Familie,
- die Art Deiner Freunde,
- die Dynamik Deines geistlichen Lebens,
- Deine Fähigkeit, beruflich und menschlich zu wachsen oder zu welken,
- ob Du im Grunde ein zufriedener oder unzufriedener Mensch bist.

Bevor wir uns in diesem sowie in den nächsten Kapiteln mit dem Aufbau des Selbstbewußtseins durch erneuertes Denken befassen, ist es von großer Wichtigkeit, daß wir uns gleich zu Beginn einen Überblick über die Verfassung unseres Selbstbewußtseins verschaffen.

Der nun folgende Text, der nur Deiner persönlichen Bewertung unterliegt, kann Dir zu einer guten Selbstreflexion innerhalb unserer Thematik verhelfen:

Bist Du ein Opfer von Minderwertigkeitsgedanken?

1) Hast Du es schwer, Komplimente anzunehmen?

2) Entschuldigst Du Dich häufig und verleugnest Du Deine Bedürfnisse?

3) Hast Du häufig das Gefühl, das man hinter Deinem Rücken redet und Dich angreift?

4) Macht es Dir häufig Schwierigkeiten, das Wort *Nein* auszusprechen?

5) Neigst Du häufiger zu falschen Kompromissen?

6) Bist Du in Gegenwart anderer Persönlichkeiten öfters verunsichert oder verlegen?

7) Wirst Du schnell nervös, wenn man Dich bei Deiner Arbeit kritisiert?

8) Gehörst Du wie ich zu jenen, die sich leicht unterm Türrahmen von dunklen Gestalten ein Jahresabonnement für eine Fernsehzeitung aufschwatzen lassen?

9) Nimmst Du es als gegeben hin, wenn man Dir beim Einkaufen falsch rausgibt?

10) Läßt Du Dir leicht und ständig neue Arbeit aufbrummen? Und bist Du anschließend stinksauer und fühlst Du Dich manipuliert und mißbraucht?

11) Senkst Du häufig Deinen Blick und hast Du Schwierigkeiten, Deinem Gegenüber offen in die Augen zu schauen?

12) Vergleichst Du Dich häufig mit anderen Personen?

13) Magst Du Dich öfters selbst nicht?

Wenn Du die meisten meiner Fragen mit Ja beantwortet hast, so erkennst Du selbst ohne Schwierigkeiten, daß Dein Selbstwertgefühl wie bei den meisten Menschen noch enorm ausbaufähig ist. Grundsätzlich kann jeder seine gedanklichen »Fehlprägungen« erkennen, reflektieren, um so den Prozeß der Veränderung bei sich einzuleiten.

All die eben gewonnenen Erkenntnisse werden uns nichts nützen, wenn wir nicht anfangen, neue Gedanken in uns aufzunehmen, die vom Schöpfer persönlich kommen, der sich in eindeutiger Weise zu unserem Wert und unserer Würde geäußert hat.

Gleichzeitig gilt es zu verstehen, was das Wort Selbstwert besagt, nämlich daß hier eine weitere Qualität reifen muß, die aus uns selbst kommt und im Leben nur durch mutiges, ausdauerndes Handeln erworben wird.

Alles, was wir brauchen, sind Gottvertrauen und Glauben sowie eine gute Portion Mut, um Menschenfurcht in Gottesfurcht zu verwandeln. So wie ich die Bibel verstehe, ist ein erwachsener, reifer Mensch aus Gottes Perspektive jemand, der durch wachsendes Gottvertrauen allmählich dahin kommt, klare Entscheidungen treffen zu können, die in Übereinstimmung mit Gottes Plänen stehen und in zielgerichtetem, furchtlosem Handeln münden. Hierbei muß er sich nicht mehr zwanghaft den Vorstellungen anderer unterwerfen, um sich anschließend nur umso schlechter zu fühlen. Auch hört das ewige Vergleichen auf und die falsche Kompromißbereitschaft wird merklich geringer. Wir können anderen wieder klar und direkt in die Augen schauen und werden nicht mehr durch sie verunsichert oder nervös gemacht.

Der Segen des Loslassens

Wieviel Gepäckstücke, große und kleine, die mit Ablehnung und Minderwertigkeitskomplexen vollgestopft sind, schleppen wir keuchend durch das Leben?! Die Last wird von Jahr zu Jahr größer. Lieber Leser, laß die Koffer fallen oder stehen, denn wer jetzt die Koffer losläßt, wird:

* die Führung seines Lebens weder Menschen, Meinungen noch irgendwelchen Horoskopen überlassen.
* eigenverantwortlich mit Gottvertrauen seinen Ängsten entgegentreten und Neuland erobern.
* sich mit seinen Qualitäten und Gaben auf positiver Weise von Gott und Menschen geliebt wissen.
* Hindernisse überwinden und wunderbare Ziele erreichen.
* zunehmend gegen Pessimismus und Schwarzseherei immun sein.

Bist Du bereit, Dich selbst in einem besseren Licht zu sehen, geistlich sowie menschlich erfolgreicher? Wünschst Du Dir auch, daß man Dir mehr zutraut und Menschen Rat und Orientierung bei Dir suchen? Könntest Du Dir vorstellen, eines Tages Deine Schüchternheit überwunden zu haben und vielleicht frei und ohne Angst einen Vortrag mit Beistand des Geistes Gottes denen zu halten, vor denen Du Dich zur Zeit noch fürchtest?

Eigentlich ist es fast uninteressant, wo Du Dich gerade gedanklich oder emotional befindest, denn Deine innere Selbstsicherheit kannst Du mit Gott als Partner von jedem Niveau aus enorm verbessern. Solange wir eine positive Haltung zu diesen Veränderungen einnehmen und an einem gesunden Selbstbild arbeiten, werden wir wachsen. Du bist immer vorn, weil Du mit Gott ein Powergespann darstellst. Bist Du einmal hinten, ist hinten vorn, denn Gott ist bei Dir. Sobald wir aufhören, geringschätzig und klein von uns zu reden und Christus, der ja die Hoffnung der Herrlichkeit ist, in uns immer mehr schätzen, geht es sofort und unaufhaltsam aufwärts. Beispiele hierfür gibt es wie Sand am Meer. Die weiteren Seiten dieses Kapitels werden sich dem Aufbau innerer Stärke widmen und dies aus unterschiedlichsten – menschlichen wie geistlichen – Perspektiven tun.

Es war nie Gottes Absicht, daß der Mensch das Licht seiner Begabung und Berufung unter einen Scheffel stellt, um dann ein zurückgezogenes Schattendasein zu führen. Vielmehr ruft er uns immer wieder zu: Sei stark, sei fest, denn der, der in dir ist, ist stärker als der, der in der Welt ist. Ja, es heißt sogar: »Der Schwache spreche: Ich bin stark!« (Joel 4,10 Luther). Da Gott selbst Wert auf unser Selbstwertgefühl legt (damit wir in dieser Welt genügend »Leuchtkraft« entfalten), können wir getrost davon ausgehen, daß er durch seinen Geist selbst alle Hebel in Bewegung setzt, damit wir dieses Ziel erreichen. Alles, was wir zusätzlich brauchen, ist eine klare Vision für mehr Selbstbewußtsein sowie das tiefe Verlangen zu wachsen.

Ein erfolgloser Mensch lernt nicht aus seinen Problemen, weil er vor ihnen davonrennt, um verstärkt ein Opfer der »Ich-kann-es-nicht«-Philosophie zu werden. Erfolgreiche, selbstbewußte Menschen dagegen nehmen eine andere Haltung ein. Sie sagen: »Ich nehme es mit meinen Problemen auf. Ab heute arbeiten sie für mich.« Sie fangen an, Möglichkeiten dort zu wittern, wo andere nur Hindernisse sehen. Nach einiger Zeit neigen sie sogar dazu, in Problemen echte Chancen zu erkennen. Ist es da noch verwunderlich, wenn solche Menschen irgendwann aufhören, nach Gründen zu suchen, warum etwas nicht möglich sein soll? Bejahe den Lebensstil erneuerten Denkens, indem Du bewußt immer wieder Dein Denken und Handeln mit der »Allem-bin-ich-gewachsen,-

weil-Christus-mich-stark-macht«-Einstellung verbindest. Selbst unsere Gebete sollen diesen Glauben ausstrahlen, denn sie sollten uns ja stärken und nicht schwächen.

Jeder Mensch hat die Möglichkeit, durch die Kraft seiner Worte und Gebete unglückliche Umstände zu verändern. Deshalb laß Deine Augen, Deine Stimme und Worte die »Ich-kann«-Geisteshaltung ausstrahlen. Damit unser Selbstbewußtsein wächst, muß unser Glaube immer wieder aufs neue entfacht werden, denn alles, was in uns wachsen soll, braucht Nahrung. Vergegenwärtigen wir uns noch einmal: Große, selbstbewußte Personen sind ganz normale Leute wie Du und ich, die einzig und allein gegenüber dem Leben eine andere Haltung eingenommen haben.

Genauso wie ein Bettler tatsächlich wie ein Bettler aussehen muß, um beim Betteln erfolgreich zu sein, so muß ein Gotteskind mit der Würde eines Gotteskindes auftreten. Geistlich gesehen kommst Du von Gott und Du bist bestimmt, auf ewig mit Gott zu leben. Deshalb ist es wichtig, daß:

- *Du Dich vollständig und bedingungslos akzeptierst.*

- *Du aufhörst, Deine Chancen und Möglichkeiten in Deinem Reden abzuwerten.*

- *Du Deine Stärken akzeptierst und aufbaust.*

Wenn wir anfangen, auf unser Selbstbewußtsein zu achten, sollten wir auch nach außen hin dementsprechend auftreten. In einem Sprichwort heißt es: *Wie Du kommst gegangen, so wirst Du auch empfangen.*

Versuche Dich deshalb als einen Menschen zu sehen, der bereits jetzt über seine Minderwertigkeitsgefühle gesiegt hat. Du hast begonnen, Dein Denken zu erneuern und ganz nebenbei kam ein gesundes Selbstbewußtsein dabei heraus!

In der Regel werden unsichere Menschen von starken Persönlichkeiten abgeschreckt und gesellen sich deshalb gern zu ihresgleichen. Da meist gleich und gleich sich anzieht, fühlt man sich zwar verstanden, jedoch blockiert man sich gegenseitig in seinen Wachstumsmöglichkeiten. Aus diesem Grund sollte es Dir besonders wichtig sein, starke, selbstbewußte Persönlichkeiten mit positiver Ausstrahlung kennenzulernen, um von ihnen so viel wie möglich mitzubekommen.

Brainblocker 2: »Ich bin doch nur ...

ein einfacher Arbeiter, ein Laie, ein blutiger Anfänger, eine Hausfrau, ein kleiner Angestellter. Ich komme nur aus einfachen, bescheidenen Verhältnissen und habe nur einen Hauptschulabschluß.« Solche Sätze werden häufig von entmutigten Menschen gesprochen, deren Körperhaltung, Gang, Gesicht und Sprechweise nur eines zu verkünden scheinen: »Von mir kannst du nichts Vernünftiges erwarten.«

Schon Mose beklagte sich: »Gott, wie soll ich ein Riesenvolk führen, wo ich doch eine so schwere Zunge habe, mit der ich mich nicht klar genug ausdrücken kann?« Jona floh vor einem wunderbaren Auftrag, vermutlich getrieben von Angst und Minderwertigkeitsgefühlen. Für jeden von uns gibt es genügend Gründe, die an unserem Selbstwertgefühl nagen. Ein frustrierter Prediger sagte einmal zu Spurgeon, dem Meister gekonnter Predigten: »Ich habe drei Monate gepredigt und keiner hat sich bekehrt.« Spurgeon stellte ihm sofort eine Fangfrage: »Du erwartest doch nicht etwa, daß der Herr jedesmal, wenn du den Mund auftust, Menschen errettet?«»Oh, nein«, antwortete unser Prediger. Spurgeon konterte: »Das ist genau der Grund, warum du keine Bekehrungen hattest. Nach deinem Glauben wird dir geschehen!« Mit anderen Worten: Was Dein Glaube erfassen kann, wirst Du auch erreichen.

Unser Lebensgefühl ist entweder gedanklich und emotional auf Sieg oder auf Niederlage programmiert. Aus der Phantasiewerkstatt unseres Mangeldenkens erschaffen wir in unserer Vorstellungswelt gewaltige Hindernisse, an deren Folgen wir übel leiden.

Ich möchte, daß Du Dich heute darüber freust, was Gott in Deinem Leben tun will, denn Gott hat ein sehr großes Interesse gerade an den scheinbar »kleinen Leuten«. Das Gesamtgeheimnis, gewissermaßen das Konzentrat eines siegreichen Lebens, wird in folgenden Versen durch einen Mann ausgedrückt, der es wissen muß. Paulus schreibt: »Schaut doch euch selbst an, Brüder! Wen hat Gott denn da berufen? Kaum einer von euch ist ein gebildeter oder mächtiger oder angesehener Mann. Gott hat sich vielmehr die Einfältigen und Machtlosen ausgesucht, um die Klugen und Mächtigen zu demütigen. Er hat sich die Geringen und Verachteten ausgesucht, die nichts gelten, denn er wollte die zu nichts machen, die vor den Menschen etwas sind« (1 Kor 1,26 -28).

Das große Plus der kleinen Leute

Ich erzähle gern die wahre Geschichte einer kleinen Oma, die an einer Veranstaltung mit sechshundert Leuten teilnahm, in der ein moderner Theologe in einem intelligenten, zweistündigen Vortrag seinen Zuhörern erklärte, daß Gott in Wirklichkeit tot sei. Alle waren beeindruckt. »Hat noch irgend jemand eine Frage?« lautete seine rhetorische Abschlußfrage. Es war so mucksmäuschenstill im Saal, daß man eine Stecknadel hätte fallen hören können. Plötzlich meldete sich eine alte, einfache Frau. In wenigen Sätzen berichtete sie, was Jesus für sie getan und wie er sie durchs Leben getragen habe. Sie beendete ihre etwas unbeholfenen Ausführungen mit folgenden Sätzen: »Herr Professor, das alles hat Jesus für mich getan! Jetzt habe ich auch eine Frage an Sie: Was hat denn Ihr Unglaube für Sie getan?« Der Professor schwieg betreten. Die Seifenblasen seiner Theologie waren zerplatzt, denn er konnte auf diese Frage nicht antworten. Diese kleine Oma, die nie Theologie studiert hatte, zerkrümelte vor sechshundert Menschen mit einer einzigen Frage einen hochintelligenten Vortrag. Das ganze großartige Gedankengebäude war zusammengebrochen. Es bleibt dabei: Was in den Augen der Welt nichts gilt, mit dem kann Gott Großes vollbringen. Vielleicht denkst Du immer noch, Du seist ein bedeutungsloser, armer Wurm. Laß doch mal die Kraft und Weisheit Gottes in den Wurm kommen!

Auch die Lebensgeschichte von Mahalia Jackson zeigt uns, daß es für Gott kein Hindernis gibt, wenn wir ganz auf ihn setzen. Als Tochter eines armen Hafenarbeiters aus New Orleans geboren, hatte sie weder ausreichende schulische noch musikalische Ausbildung genossen. Jeden Sonntag predigte ihr Vater als Hilfsprediger vor einer kleinen farbigen Gemeinde. Im Chor ihres Vaters hatte sie in Treue begonnen, Gott zu loben. Jahre später sagte sie, daß Gott sie von den Waschkübeln weg in die größten Konzertsäle dieser Welt geführt habe.

Thomas A. Edison, einer der größten Erfinder, dem wir die Raumbeleuchtung verdanken, ging nur drei Jahre zur Schule. Er flog von einer Schule, weil man ihn für zurückgeblieben hielt.

Albert Einstein wurde gleich von mehreren Schulen die Aufnahme verweigert. Begründung: Ihm mangele es an der nötigen Intelligenz. Wir wissen, daß der Jude Einstein an Gott glaubte. Von ihm stammt der Satz: »Wissenschaft ohne Religion ist lahm«. Henry Ford hatte es in seiner schulischen Laufbahn noch nicht einmal zur Mittleren Reife gebracht.

Ich kenne noch einen, der aus bescheidenen Verhältnissen stammte. Er wurde nicht in einem hochmodernen, keimfreien, antiseptischen Kreißsaal geboren, sondern inmitten von schlechten hygienischen Verhältnissen und Bedingungen. Ein mit Tieren gefüllter Raum, in dem Schafe blökten, Esel wieherten und vielleicht einige nervöse Hühner gackerten, das war sein Kreißsaal. Eine zerknabberte Futterkrippe gefüllt mit altem Stroh war seine Kinderwiege, in der er die ersten Wochen seines Lebens verbrachte. Doch Jesus war mit enormer Weisheit erfüllt. Obwohl er nie ein theologisches Diplom erworben hatte, stellte er alle Schriftgelehrten seiner Zeit in den Schatten. Mit Sicherheit wurden die Synagogen immer leerer, weil die Massen, die ihm überall hin folgten, von Tag zu Tag größer wurden. Und das hat nicht aufgehört bis in unsere Zeit hinein! Welch ein erstaunlicher Mann. Auch hier sehen wir das Prinzip verwirklicht: Was in den Augen der Welt nichts bedeutet, mit dem kann Gott seine Pläne verwirklichen.

Er war ein bedeutungsloser kleiner Mann, ein verträumter, romantisch veranlagter Harfenspieler, der mit einem kleinen Stein ein Riesenproblem beseitigte, das den Namen Goliath trug. David hatte ein großes Plus in seinem Leben: Gott. Seine einfache, aber solide Lebensphilosophie läßt sich in folgenden Sätzen zusammenfassen.»Ich bin immer vorne. Bin ich einmal hinten, ist hinten vorn, weil Gott mit mir ist. Ist Gott für mich, wer mag wider mich sein?« (vgl. Röm 8,31)

Er war ein kleiner, ungläubiger Thomas, der unter der Leitung des größten Schöpfergenies das Evangelium nach Indien brachte. Wer heute Indien besucht, stößt unweigerlich auf die unauslöschliche Spur dieses Mannes.

Es war ein kleiner Diakon, der am Tisch der Urgemeinde diente und sicherlich viel über Spülen, Kartoffelschälen, Ajax, Staubsauger und Fensterputzmittel zu sagen hatte. Vermutlich war er auch als Platzanweiser und Organisator für einen reibungslosen Ablauf im Gemeindealltag zuständig, um so die Apostel zu entlasten. Philippus, der auf Gottes Stimme hörte, war zu einem feurigen Evangelisten herangereift, als er vom Geist Gottes geführt auf den äthiopischen Kämmerer stieß. Als Auswirkung dieser Begegnung entstand die nicht zu übersehende koptische Kirche Äthiopiens.

Das »große Plus« des David verwandelte auch einen engstirnigen, religiös verkrampften Gesetzeshüter und Christenverfolger Saulus in den gewaltigsten Völkerapostel aller Zeiten.

Manchmal ist es ein Segen, einen reichen Vater zu haben. Jesus sagte zu seinen Jüngern:»Auch sollt ihr hier auf der Erde niemand ›Vater‹ nennen, denn ihr habt nur einen Vater: den im Himmel« (Mt 23, 9). Du bist entweder Sohn oder Tochter des lebendigen Gottes und somit Miterbe all seiner Reichtümer, bist nach seinem Bild geschaffen, bist wenig geringer als die Engel gemacht (Ps 8,5) und entstammst einer edlen Ahnenreihe, einer bedeutenden Armee von Propheten und Gesalbten, zu der u.a. auch Adam, Abraham, David, Mose, Jesus, Paulus, Thomas und Philippus gehörten. Du hast den größten, weisesten und besten Partner und Lebensberater zum Freund. Weil königliches Blut durch Deine Adern fließt, bist Du Erbe all seiner Verheißungen und Reichtümer. Glaubst Du an den Überfluß Gottes? Er wartet doch nur darauf, daß Du von seinen unerschöpflichen Möglichkeiten und Ressourcen sowie seiner Intelligenz Gebrauch machst. Wenn Du Dich zu Deinem Vater bekennst, wird er sich auch zu Dir bekennen.

Sobald wir unsere wahre Identität erkennen und verstehen, hören wir auf, uns über unsere (erbärmlichen) Verhältnisse zu beklagen. Unser Vater im Himmel behandelt uns schon jetzt unendlich liebevoll. »Du wirst es nie zu etwas bringen« hat dieser liebende Vater noch nie zu einem seiner Kinder gesagt. Oder hat Jesus jemals im ironischen Ton Petrus kritisiert: »Petrus, ich finde deine leibhaftige Wankelmütigkeit großartig«? Nein, Jesus liebte Petrus, denn er hatte sich in seinem Dienst auf Versager spezialisiert, aus denen er Persönlichkeiten machte. Der wankelmütige Sanguiniker Petrus bekommt zu hören: »Petrus, du bist der Fels, auf den ich meine Gemeinde bauen will.« Wenn wir unseren Glauben und unsere Hoffnung durch Gott anregen lassen, bleiben wir in Hochform. Aus einsamen Schwarzsehern werden plötzlich interessante und begehrte Optimisten.

Brainblocker 3: Ich sehe nicht besonders gut aus.

Es gibt Gedanken, die immer wieder in unseren Köpfen kreisen wie bei einer Schallplatte, die einen Sprung hat und nur noch die gleiche Passage wiederholt. Oft haben solche Dauerbrenner mit unserem äußeren Erscheinungsbild zu tun.

Eine Frau mit der Schönheit eines Fotomodells von internationalem Format war in einem Seelsorgegespräch den Tränen nahe. Problem war angeblich ihr zu dickes Gesäß, von dem ich aber nicht die geringste Spur sah. Ihr Vater hatte während ihrer Pubertät, wahrscheinlich aus Verlegenheit, mehrfach gesagt: »Mensch, hast du einen prallen Hintern.« Ein junger Mann war völlig verzweifelt über seine sich ausbreitenden Geheimratsecken. »Wenn das so weitergeht, schaut mich bald keine Frau mehr an und ich bleibe ewig ein Single!« Auch Cher und Michael Jackson waren unzufrieden und ließen sich durch unterschiedlichste und aufwendige Methoden liften und verändern.

Jeder Schönheitschirurg weiß, daß ein Patient, der vorher mit seinem Aussehen nicht zufrieden war, es auch selten nach der Operation ist. Schon vor Jahren hatte man den zwölf schönsten Menschen Hollywoods folgende Frage gestellt: »Wenn Sie an ihrem Gesicht etwas ändern könnten, würden Sie es tun und wenn ja, welche und wieviel Veränderungen müßten es sein?« Der kleinste Wunsch der zwölf Hübschesten umfaßte acht Veränderungen. Wenn schon die, die man als megaschön bezeichnet, Probleme mit ihrem Aussehen haben, wie sieht es dann erst mit uns aus?

Fast alles ist mehr objektiv und wahr als das, was Frauen über ihr Aussehen sagen. Leider beeinflußt ihre Überzeugung, die sie sich über Jahre hinweg zugelegt haben, ihr ganzes Leben. Der ständige Vergleich mit den Schönheiten aus der Medienwelt nagt an dem sowieso schon angekränkelten Selbstwertgefühl. Das Schlimme ist, daß der Badezimmerspiegel so wie die Waage uns von der gleichen Lüge überzeugen wollen.

Wirkliche Schönheit entspringt der Gedankenwelt

Auch für diese These sind die Beweise schnell erbracht. Schau Dir doch mal ein eingebildetes, arrogantes Fotomodell in zehn Jahren an und sieh, welche Spuren die innere Fehlhaltung in ihrem Gesicht hinterläßt. Einige der begabtesten Soul- und Gospelsänger und -sängerinnen sind wahrhaft wohlproportioniert und treffen somit sicherlich nicht den durchschnittlichen mitteleuropäischen Schönheitsgeschmack. Ein Phänomen aber ist, daß gerade diese Damen und Herren, von denen ich einige persönlich kennenlernen durfte, besonders geschätzt, ja geliebt werden. Warum haben so viele, die eigentlich nicht so leicht aus der Fassung zu bringen sind, jedesmal Tränen in den Augen, wenn sie auftreten? Weil solche Menschen nicht nur ein gewinnendes Lächeln haben, sondern obendrein viel Selbstannahme ausstrahlen, und genau das fehlt unserem Publikum. Ihre Attraktivität und magnetische Anziehungs- und Faszinationskraft hat auch etwas mit ihrem positiven Selbstbild zu tun. Man kann gar nicht anders, man muß sie einfach lieben. Womit sie nach normalen Maßstäben scheinbar benachteiligt sind – etwa mit der »Überfülle ihrer Figur« –, damit scheinen sie besonders unbekümmert umzugehen.

Wir lernen daraus: Menschen reagieren unbewußt begeistert und offen auf positiv ausstrahlende Selbstannahme. Warum werden bestimmte Menschen so heiß geliebt, umworben und wertgeschätzt, obwohl sie bei jedem »gesellschaftlichen Schönheitstest« sofort durchfallen würden? Die Antwort lautet: Sie strahlen Selbstannahme, Zuversicht und Glauben aus. Fühlst Du Dich wohl in Deiner Haut? Strahlst Du die eben beschriebenen Qualitäten aus? Versetz Dich doch mal für einen kurzen Moment in die Lage der Menschen, die mit Dir täglich umzugehen haben.

Wie erleben Dich Dein Chef, Deine Arbeitskollegen, Dein Ehepartner, die Mitglieder Deiner Gemeinde? Was kriegen Deine Kinder über Dein Aussehen zu hören? Entschuldigst Du Dich häufig für Dein Aussehen? Solange wir bewußt oder unbewußt bekennen, wie häßlich wir sind, welche optischen Mängel wir haben und uns weiterhin mit anderen vergleichen, werden wir von unseren eigenen Worten regelrecht abgewürgt. Die Fähigkeit, Schönheit von innen heraus zu entwickeln, liegt brach, weil wir uns letztlich gegen den Schöpfer stellen, der uns »ja schließlich so gemacht hat«. Unausgesprochen drücken wir durch unsere Haltung aus: »Gott, so wie du mich gemacht hast, mußt du einen schlechten Tag gehabt haben!«

Scheinbar handelt es sich hier um ein uraltes Problem. Schon Jesaja rückt in Kapitel 45, Vers 9 einiges zurecht:

> »Wie kann einer es wagen, seinem Schöpfer Vorwürfe zu machen? Ist der Mensch Gott gegenüber mehr als ein Tongefäß, das aus der Hand eines Töpfers kommt? Fragt vielleicht der Tonklumpen den, der ihn formt: ›Was machst du da?‹ Sagt das Werk zu seinem Meister: ›Du hast ungeschickte Hände?‹«

Der geistliche Boden einer solchen Haltung ist karg und trocken, so daß unser inneres Schönheitspotential bildlich gesprochen nur bis in die Blätter gelangt. Die Schönheit einer »Menschenblüte« bleibt meist ungeformt, erreicht oft nicht einmal das Stadium einer Knospe.

Exkurs: Erneuertes Denken und Schönheit

Wie oft befinden wir uns in der gleichen Ausgangssituation wie die Frau, die vor einem eiskalten Ofen saß und sagte:»Komm lieber Ofen, wärme mich, dann werde ich dir auch Holz geben!« Unsere Frau konnte nicht verstehen, daß gewisse Vorarbeiten wie Holzhacken und Anfeuern die Voraussetzungen für Wärme sind. In der Regel wollen wir ein Maximum an menschlicher Wärme, jedoch zu einem Minimum an Einsatz. Dies gilt in gleicher Weise für unsere Schönheit. Das Verlangen, schön zu sein, ist doch nichts anderes als die Sehnsucht, geliebt und angenommen zu sein, mit anderen Worten: für andere von Bedeutung zu sein. Möchte nicht jeder als Persönlichkeit geachtet und geliebt werden, und warum gelingt es so wenigen Menschen? Die Antwort lautet: Eine Ausstrahlung, die anziehend und sympathisch ist, erwächst nicht aus einem Minimum an Einsatz. Was kannst Du also für Deine»Schönheit« tun?

1. Bring Dich mit Deiner Persönlichkeit ein.

Hast Du Dir schon einen Namen gemacht? Was verbindet man mit Deinem Namen? Flüsterst Du Deinen Namen, wenn man Dich in der Öffentlichkeit nach ihm fragt? Manche Menschen machen bei einer Ansprache aus Verlegenheit ein abwesendes, verschlossenes Gesicht und setzen sich mit Vorliebe in eine stille Ecke.»Sprich, damit ich dich sehe!«, sagte Sokrates zu einem Schüler. Es ist unschwer zu erkennen, was Sokrates mit seiner Aussage meinte: Was andere an uns gut finden oder in uns sehen, das kommt aus dem, was wir deutlich mitteilen.

Die Art und Weise, wie wir uns als Persönlichkeit mitteilen, macht erst das Erblühen eines attraktiven Menschen aus. Eine kosmetisch »aufgedonnerte« Person wird trotz allem Make-up wenig attraktiv wirken, wenn sie von ihren alten Minderwertigkeitsgefühlen blockiert wird. Durch ein erneuertes Denken über uns selbst arbeiten wir auch an unserer Persönlichkeit, was sich letztlich auch nach außen auswirkt.

Ein klarer Blick, eine aufrechte Haltung, ein selbstsicheres Auftreten sowie eine klare, unverhaltene Aussprache verursachen eine persönliche Ausstrahlung, die nicht ohne Faszinationswirkung auf andere bleibt. Je mehr Du zu dem Menschen nach außen hin wirst, – als der Dich Gott schon längst geschaffen hat –, umso mehr erlebt Deine Persönlichkeit jene Entfaltung, auf die nicht nur Gott bei Dir schon so lange gewartet hat. Sprich so, daß man Dich sieht und entwickle Deine Persönlichkeit auch in Deinem Erscheinungsbild, damit es in Deiner Umgebung heller ist als anderswo und faszinierender.

2. Entwickle Deine Kontaktfähigkeit.

Unendlich viele Menschen, die sich selbst nicht angenommen haben und oftmals wenig Interesse am Nächsten zeigen, erwarten von ihren Mitmenschen ununterbrochen Sympathiebekundungen. Stellen wir uns doch mal folgende Frage: Ist es wichtiger, daß andere liebevoll und offen auf uns zugehen oder daß wir in liebevoller Zuwendung auf sie zugehen? Von der Frau am Ofen lernen wir, daß etwas mehr Holz die Wärme erzeugt hätte. Die Holzscheite, die wir verwenden, um menschliche Wärme zu erzeugen, heißen: offenes Interesse, öfter mal lächeln, den anderen Fragen stellen, sie aus echtem Interesse anschauen, ihnen signalisieren, daß wir sie verstanden haben und sie uns wichtig sind. Arbeite aktiv an Deiner Kontaktfähigkeit und Du erlebst, wie Deine Attraktivität von Tag zu Tag wächst. Deine Mitmenschen werden Dir obendrein vermehrt zu verstehen geben, daß auch Du ihnen wichtig bist. Wem würdest Du gerne eine Freude machen? Triff gerade jetzt eine Entscheidung, wem Du mit Deiner ganzen Persönlichkeit freundschaftlich begegnen willst.

3. Laß Gottes Glanz in Dein Leben.

Vor einiger Zeit entdeckte ich, daß geisterfüllte Christen über einen längeren Zeitraum hinweg an Attraktivität und Anziehungskraft zunahmen. Von Jahr zu Jahr gewannen sie an Ausstrahlung, und noch ist kein Ende dieses Prozesses abzusehen. Folgender Gedanke läßt sich von dieser Beobachtung ableiten: Je mehr Gott in uns Gestalt annimmt, umso mehr strahlen wir seinen Charakter und seine Schönheit aus. Die intensivste und nachhaltigste Schönheitskur kommt aus der Gemeinschaft mit dem Heiligen Geist, der unserer Mimik, Gestik und Haltung göttlichen Glanz verleiht, das heißt: Er macht uns menschlicher. Zudem verstärkt er unsere guten Seiten und schenkt uns eine gewinnende Ausstrahlung. Diese Ausstrahlung löst bei unseren Mitmenschen Sympathie aus.

Die Freude über unsere Schönheit und Bedeutung in Gott drückt sich in unseren strahlenden Augen, unserem fröhlichen Gang, einer zuversichtlichen Lebenseinstellung sowie einer offenen Haltung anderen Menschen gegenüber aus.

4. Akzeptiere, was Gott über Dich sagt.

Gott hat jeden von uns in einzigartiger Weise mit original unverwechselbarer Schönheit geschaffen. Sieh Dich als attraktives, fröhliches und anziehend liebenswertes Original, denn so sieht Dich Gott, der Dich mit Deinem Namen kennt. Gott hat sich über uns in vielerlei Weise positiv geäußert, doch was sagen wir selbst über uns? Letztlich bist Du so schön oder so häßlich, wie Du Dich selber siehst. Durch negatives Denken entsteht ein negatives Selbstbild, wogegen unsere Selbstachtung durch erneuertes Denken enorm gestärkt und gefestigt wird.

Schönheit und Attraktivität entspringen unserer Glaubens- und Gedankenwelt und sind somit immer eine Frage der Einstellung. In Psalm 139, Vers 14 heißt es:»Ich preise dich darüber, daß ich auf erstaunliche und ausgezeichnete Weise gemacht bin. Wunderbar sind deine Werke und meine Seele erkennt es sehr wohl.« (Elberfelder) Es ist also an der Zeit, daß wir unseren Spiegel und unsere Waage von dieser Wahrheit überzeugen!

Jeder von uns kann seine inneren Qualitäten und Stärken auf dieser Grundlage entwickeln und festigen, um so seine Attraktivität und Schönheit zu steigern. Laß Deine Seele nicht verkümmern und lege Deine inneren Schätze frei. Bedenke: Destruktive Selbstkritik und mangelnde Selbstliebe wirken nie anziehend. Nur ein Mensch, der Selbstannahme und Nächstenliebe ausstrahlt, wirkt anziehend auf andere.

Vermutlich kannst Du viel attraktiver erscheinen, als Du bisher geglaubt hast. Sei mal ganz ehrlich und gib offen zu, was Du an Dir nicht magst. Dann danke Gott gerade für das, was Du an Dir bemängelst. Denke daran, was wir meistens für einen offensichtlichen Nachteil halten, ist oft in Wahrheit eine große Chance. Jeder Mensch kann sich annehmen und so sehen, wie er ist, nämlich als einzigartiges, geliebtes Geschöpf Gottes mit einer Ausstrahlung und Schönheit, die dem auch in Wirklichkeit immer mehr entspricht.

Lieber Leser: Da erneuertes Denken niemals einen planlos geführten Lebenskampf darstellt, sondern vielmehr eine erstrebenswerte Lebenskunst ist, die sich in der Praxis bewähren muß, aber auch einüben läßt, möchte ich Dich bitten, folgende Liste auszufüllen:

Nenne fünf Deiner Stärken, die Deine innere Schönheit ausmachen:

1. _____

2. _____

3. _____

4. _____

5. _____

Nenne fünf Deiner Stärken, die äußere Qualitäten betreffen:

1. _____

2. _____

3. _____

4. _____

5. _____

Beginnen wir unseren »Annahme-Prozeß« mit einem Gebet:

Lieber Vater im Himmel. Ich danke dir, daß du mich als wunderbares Original geschaffen hast. Ab heute werde ich die Qualitäten und Stärken, die du mir gabst, nicht mehr verdecken, sondern entdecken. Mein Spiegel wird für mich nicht mehr ein Werkzeug der Anklage sein, sondern er wird mir helfen, meine innere und äußere Schönheit zu entdecken. Vater, ich glaube fest daran, daß du in und durch mich Schönheit schaffst. Deshalb lasse ich meine Augen leuchten und Zuversicht ausstrahlen. Meine Gestik und Mimik werden den Reichtum meiner Seele, den du mir gabst, widerspiegeln. Herr, hilf mir, daß viele Menschen von meiner inneren Schönheit, die nach außen strahlt, gesegnet werden.

Ich liebe mein Geschlecht, meinen Körper, jede Rundung, jede Falte, die mich zu einem unverwechselbaren Original macht. Vater im Himmel, ich danke dir für mein Temperament, meine inneren Qualitäten und Vorzüge, die mehr und mehr durch Reife nach außen wirken. Ich liebe meine Schwächen und Stärken, die mir eine einzigartige Note geben, die es weder vor mir noch je nach mir auf dieser Erde wieder geben wird. Hab Dank für deinen guten Heiligen Geist, der meinem Wesen göttlichen Glanz verleiht und der mir hilft, das Beste aus mir zu deiner Ehre zu machen. Du hast mich auf einzigartige Weise wunderbar gemacht, und deshalb liebe ich mich.

Lieber Leser, bevor Du Dich dem nächsten Kapitel zuwendest, solltest Du Dir folgenden Sachverhalt vergegenwärtigen. Bereits nach vierundzwanzig Stunden wirst Du nur noch fünfzig bis sechzig Prozent des eben bewußt Gelesenen wissen, wogegen Du in dreißig Tagen sogar fast alles, was ich hier festgehalten habe, vergessen haben wirst. Aus diesem Grund ist es wichtig, daß Du nun folgende Fragen beantwortest. Schon während der Beantwortung verdichten sich die Punkte in Deinem Geist, die Du als Lernziele erneuerten Denkens in Dein Alltagsleben integrieren solltest.

Welche Entfaltungshindernisse in Sache »Schönheit« habe ich beim Lesen bei mir entdeckt?

1. _____

2. _____

3. _____

Welche wichtigen Gedanken will ich mir einprägen?

1. _____

2. _____

3. _____

Welche wichtigen Änderungen möchte ich in meinen Denkgewohnheiten vornehmen?

1. _____

2. _____

Welche Verhaltensänderungen im Umgang mit Gott und den Mitmenschen möchte ich anstreben?

1. _____

2. _____

3. _____

(Ende des Exkurses)

Brainblocker 4: Ich bin einsam, und man übersieht mich regelmäßig.

»Das war schon immer so, deshalb fühle ich mich ja so abgelehnt.« Mit diesen Sätzen öffnete sich mir ein tiefer Blick in die alte Seelenwunde eines Mannes, an der unendlich viele Menschen in gleicher Weise leiden. Da er in der Kindheit auf vielfältige Weise Ablehnung erfahren hatte und später von Freunden, insbesondere von einer Frau, bitter enttäuscht wurde, erschuf er – auf seinen Schmerz bauend – ein kleines Gedankenuniversum der Einsamkeit. Immer wieder hatte er in der Trostlosigkeit seiner Träume die Spuren seiner vergangenen Liebe aufgenommen, die jedoch immer wieder am Punkt der Verletzung und des Schmerzes ins Leere führten. Inzwischen gab es genügend Gründe und eine Fülle von Gedanken, die seine Einsamkeitsgefühle nährten und ihn auf Alleinsein und Isolation programmierten. Die Tragik einer solchen Entwicklung liegt oftmals in folgendem Gedankengang: Habe ich Ablehnung und Einsamkeit mehrmals stark zu spüren bekommen, so werde ich dasselbe für den Rest meines Lebens schicksalhaft erleiden müssen. Schlucken wir solche und ähnlich gelagerte Gedanken zu oft, so verwirklichen sie sich tatsächlich gemäß unserem Glauben. Ijob sagte:»Was ich fürchtete, kam über mich.« Es ist tatsächlich so, daß das, was wir uns zusagen und einreden, tatsächlich die Tendenz hat, sich in unserem Leben zu verwirklichen. Zu guter Letzt fühlen wir uns von Gott, guten Freunden und Verwandten auf eine einsame Insel verbannt.

Des öfteren bekam ich folgenden Satz zu hören:»Eine Kette von unglücklichen Zufällen ist schuld daran, daß ich so einsam bin.« Genausowenig wie der Zufall für meine dankbare Haltung oder meine glückliche Lebenseinstellung verantwortlich zu machen ist, genausowenig können wir ihn für unsere Einsamkeit verantwortlich machen. Wer schüchtern ist, ist gehemmt und kommt deshalb nur schwer in den Genuß eines befreiten, menschlichen Umgangs mit anderen – auch wenn er sich noch so sehr danach sehnt. Aus diesem Grund sollten wir unsere Kontaktfähigkeit beständig ausbilden und kultivieren, indem wir – sofern wir unter Schüchternheit leiden – aktiv auf andere zugehen.

Was sagt Gott zum Thema Einsamkeit?

Zunächst einmal müssen wir verstehen, daß wir von Gott als Beziehungswesen geschaffen wurden, das sowohl mit ihm als auch mit anderen Menschen Gemeinschaft haben kann. Einsamkeit hatte Gott für uns nicht vorgesehen, deshalb hat er auch nichts dafür übrig, daß wir in Einsamkeitsgefühlen baden. Er selbst sagt:»Ich stehe vor der Tür und klopfe an. Wenn jemand meine Stimme hört und öffnet, werde ich bei ihm einkehren. Ich werde mit ihm essen und er mit mir« (Offb 3,20).

Im Hebräerbrief Kapitel 13, Vers 5 verspricht uns Gott:»Niemals werde ich dir meine Hilfe entziehen, nie dich im Stich lassen.« Liebe löst nun einmal Einsamkeit auf. Wer sich bedingungslos und unwiderruflich geliebt weiß, wird wohl immer wieder einmal allein sein, sich aber nie der kalten und lähmenden Einsamkeit schutzlos ausgeliefert erfahren. Es ist schon so: Längere Perioden von Einsamkeitsgefühlen entstehen nur dann, wenn wir unsere eigenen und nicht seine Wege gehen.

Die Lösung

Die Wege, die nicht ins Leere führen, sondern uns aus dem Teufelskreis der Vereinsamung herausbringen, heißen: erneuertes Denken sowie erneuertes Handeln. Nimm Dir ab heute vor, eine Person pro Woche kennenzulernen. Hierbei ist es wichtig, daß Du die Initiative ergreifst, indem Du in offener, zielstrebiger Weise auf andere zugehst. Das Schöne ist, daß mit unserer wachsenden Kontaktfähigkeit auch unser Selbstwertgefühl wächst. Eine ganze Kette wertvoller Freundschaften kann schon in kurzer Zeit die Folge aufrichtiger Nächstenliebe sein. Ergreife aus diesem Grund jede Chance, ob am Arbeitsplatz, in der Gemeinde, in der Straßenbahn oder in der Nachbarschaft. Je liebevoller und aufrichtiger Deine Motive sind, die hinter Deinem Bemühen stehen, desto wirkungsvoller und erfreulicher werden auch die Resultate sein. Ein Mensch reagiert auf eine echte, positive Zuwendung im Normalfall immer in ähnlicher Weise.

Damit sich die Möglichkeit eines solchen Austausches sozusagen vervielfältigt, hat Gott in seiner Liebe die Gemeinde geschaffen. Die Gemeinde ist ein Ort der Begegnung, Heilung, Freundschaft, Annahme sowie des Austausches und des Feierns. Darüber hinaus gibt es in jeder guten Gemeinde kleine, lebendige Zellen, die man oft Hauskreise, Zellgruppen oder Hauskirchen nennt. Alles zusammen ist ein einziges, großartiges Übungsfeld, um in der Liebe zu wachsen und mehr und mehr zu erfahren, was Gott in jeden von uns hineingelegt hat.

Sollte das als Hilfe noch nicht genügen, so kannst Du Dein Denken mit folgenden Wahrheiten und Glaubensaussagen erfüllen. Vor allem, wenn Du mit Einsamkeits- und Ablehnungsgedanken zu kämpfen hast, solltest Du Dir die für Dich bedeutsamsten Sätze auf einen Zettel schreiben, den Du ständig bei Dir trägst und mehrmals täglich liest und seinen Inhalt zu Deinem eigenen Denken machst. Bedenke: Je deutlicher Deine Zielvorstellungen des Glaubens sind, desto sicherer darfst Du mit einem Erfolg Deiner Bemühungen rechnen.

Zum Thema: Einsamkeit

Ich werde mich nicht mehr in den traurigen Welten meiner Einsamkeit verrennen und mir einreden, ich sei einsam.

Habe ich unter Einsamkeit gelitten, heißt das noch lange nicht, daß ich für den Rest meines Lebens unter Einsamkeit leiden muß.

Ich öffne mich für ein neues Leben mit vielen Freunden, denn die Wahrheit lautet: Ich bin nicht einsam, denn da sind:

- der himmlische Vater (Hebr 13,5)
- der Sohn (Offb 3,20)
- der Heilige Geist
- die Wolke unsichtbarer Zeugen (Hebr 12)
- eine große Familie Gottes, zu der ich gehöre
  und die auf diesem ganzen Planeten anzutreffen ist
- Menschen, die hinter mir stehen

Ich ergreife den Schild des Glaubens und lösche damit alle feurigen Gedankenpfeile der Einsamkeit aus, die mir der Feind entgegenschleudert (vgl. Eph 6,16).

Ich werde das Gedankenmonster »Einsamkeit« aushungern, indem ich

- einen Brief schreibe
- ein Telefonat führe
- jemanden besuche und ihm eine Freude mache
- aktives Mitglied einer lebendigen Gemeinde werde.
- Ich werde nicht mehr darauf warten, daß jemand auf mich zugeht, sondern in Zukunft aktiv auf Menschen zugehen.
- Ich bin Teil eines von Leben wimmelnden Planeten, der als Teil der Milchstraße in einem Universum schwebt, das ganz und gar von Gott durchdrungen ist. Somit gibt es keinen Ort, an dem ich wirklich einsam sein müßte, es sei denn in meiner Gedankenwelt.

Wichtige Gedanken, die ich mir einprägen will:

1. _____

2. _____

3. _____

4. _____

Angestrebte Verhaltensänderungen im Umgang mit anderen:

1. _____

2. _____

3. _____

4. _____

Meine persönliche Zielsetzung:

1. _____

2. _____

3. _____

4. _____

Die Schriftstelle, die mir in diesem Zusammenhang am meisten bedeutet:

Brainblocker 5: Ich habe immer noch keinen Lebenspartner gefunden.

Vielleicht wünschst Du Dir einen Lebenspartner und hast ihn noch nicht gefunden. Wie auch immer, mit diesem Abschnitt möchte ich all denen helfen, die von den in der Überschrift angesprochenen Empfindungen betroffen sind. Da Partnerschaft ein elementares Grundbedürfnis des Menschen ist, kann ich jeden verstehen, der unter der Tatsache leidet, noch keinen Partner gefunden zu haben. Zudem scheinen gerade in Gemeinden weibliche Singles in der Überzahl zu sein, was die Partnersuche zusätzlich erschwert. Auch auf die Gefahr hin, daß ich als Verheirateter von Singles vielleicht mit meinen Ratschlägen nicht ganz ernstgenommen werde, möchte ich dennoch meiner Überzeugung Ausdruck verleihen, daß Gott einen Lösungsweg für jedes Problem hat.

Wenn wir unsere jeweilige Lebenssituation annehmen und uns mit Gott den Problemen zuwenden, warten immer ungeahnte Überraschungen auf ihre Entdeckung. Bei meinen Gesprächen, die ich mit einer Vielzahl von Singles führte (von denen inzwischen ein Großteil einen Partner gefunden hat), stieß ich auf eine Reihe von Ursachen, die viele auf ihrer Entdeckungsreise zu einem Lebenspartner gehemmt haben. Es liegt mir fern, dem Leser klarmachen zu wollen, daß das Fehlen eines Partners an den von mir genannten Gründen liegen müsse. Aber ich durfte erleben, daß die Beschäftigung mit ihnen gerade den Singles oft ein großes Stück weitergeholfen hat. Hier nun in einer Art Zusammenfassung:

Acht Hindernisse, einen Partner zu finden

1. Hindernis: Minderwertigkeitsgefühle

»Niemand interessiert sich für mich, weil ich nicht wie der coole Typ von der Zigarettenwerbung aussehe oder wie die Fotomodelle einer Modezeitschrift«. »Ich bin zu alt, unattraktiv und obendrein unfähig für eine Beziehung.«

Kämpfe gegen Deine Minderwertigkeitskomplexe. Es stimmt nicht, daß Du unbedeutend und unattraktiv bist. Siehe Brainblocker 1 und 3!

2. Hindernis: Traumfixierung auf einen Märchenprinzen,

der niemals vorbeischaut. Die gesellschaftliche Rollenerwartung, daß die Initiative nur von Männern (hübschen Prinzen) ausgeht, ist längst ein Relikt vergangener Zeiten. Ziehe die Konsequenzen: Frauen sollten in gleicher Weise kontaktfreudig auf Männer zugehen, ihre Persönlichkeit, persönliche Note, Charme und Ausstrahlung in angemessener, natürlicher Weise einsetzen.

3. Hindernis: Die Erinnerung an eine große Liebe der Vergangenheit

Ich kann mich nicht von dem einzigen Menschen lösen, den ich wirklich geliebt habe. Doch leider ist dieser längst verheiratet und hat schon acht Kinder. Werde erwachsen, laß die Vergangenheit los, um offene Arme für die Zukunft zu haben. Verletze eine neue Beziehung nicht durch vergleichende Bemerkungen.

4. Hindernis: Überhöhte Ansprüche an den zukünftigen Partner

Es gibt unrealistische Wunschvorstellungen, die immer wieder alles kaputtmachen. Der Beziehunsperfektionist übersieht, daß in jeder vernünftigen Beziehung auch nur mit dem Wasser der Großzügigkeit und Nachsicht gekocht wird. Auch der beste Partner wird Mängel haben, mit denen wir uns anfreunden und arrangieren müssen. Bring Deinen Perfektionismus zu Jesus. Erwarte nicht, daß Dein Partner sich verändert, sondern verändere Du Dich.

5. Hindernis: Resignation wegen zuviel »Körben«

Vielleicht gilt es einiges zu verändern, schlechte Angewohnheiten abzulegen. Benutze den »Korb« als Ansporn, es das nächste Mal besser zu machen. Schaffe in Dir eine positive Einstellung und wage einen erneuten Anlauf.

6. Hindernis: Die ungelöste Eltern-Kindbeziehung

Bei einer Tochter-Vaterfixierung kann kein Mann dieser Welt dem Vater je das Wasser reichen. Genauso wie das Muttersöhnchen muß sich die Tochter mit allem Nachdruck geistlich (im Namen Jesu!) sowie ganz praktisch (äußere Lebensverhältnisse) von der symbiotischen Verklammerung mit einem Elternteil lösen, um tatsächlich für eine neue Beziehung frei zu werden.

7. Hindernis: »Der Herr hat mir gezeigt«

»Nur der oder die eine wird es sein«, ist ein bereits beschriebener verhängnisvoller Ansatz. Hüte Dich vor Extremen und sei realistisch.

8. Hindernis: Die anderen sind mir alle zu jung oder zu unreif

Es gibt Haltungen, die die besten Chancen verschenken. Setz nicht einfach stur Deine Maßstäbe in die Welt, sondern habe mehr Vertrauen in Deine Mitmenschen und ihre Entwicklungsfähigkeit, sonst wirst Du ein sehr einsamer Mensch.

»Du bist todunglücklich, denn du hast immer noch keinen Lebenspartner.« Springt Dich diese Gedankenversuchung an, so antworte ihr mit verheißungsorientiertem, erneuertem Denken. »Moment mal, Feind, mein Lebensglück ist weder abhängig von Reichtum noch von einem Lebenspartner, sondern in erster Linie von meiner Beziehung zu Jesus.«

Schau Dir doch mal die vielen Paare an, die todunglücklich sind. Durch einen positiven Glauben und echte Gemeinschaft mit Gott gehörst Du ganz automatisch zu den glücklichsten Singles der Welt. Da Du nicht der Einzige auf diesem Globus bist, der auf der Suche ist, gibt es doch ganz erhebliche Chancen für Dich. Höre auf, Dir einzureden, Du seist unattraktiv, zu alt oder zu unfähig für eine Beziehung. Gott hat eine Lösung für jedes Problem.

Lieber Leser, hast Du schon mal darüber nachgedacht, daß es viele unausgeschöpfte Möglichkeiten gibt, die man entweder aus Scheu oder falschem Stolz nicht wahrnehmen will? Hier nur drei Beispiele:

• Warum schaust Du Dich nicht mal in einer anderen Gemeinde nach einem passenden Partner um?

- Ein mit mir befreundetes glückliches Ehepaar hat sich über ein Zeitungsinserat kennengelernt. Du schmunzelst? Leider sind gerade für diese Unternehmung die meisten Singles, die ich kenne, zu stolz.

- Meine letzte Anregung liegt auf einer ganz ähnlichen Linie. Ich plädiere für eine Haltung, die auch sagen kann: »Warum nicht auch mal einen jüngeren bzw. älteren Partner heiraten?«

Die Verheißung »trachte zuerst nach dem Reich Gottes, so wird dir alles andere zufallen« drückt aus, daß Gott sich um Deine besondere Lebenssituation kümmert. Dies beinhaltet, daß Du entweder ein erfülltes, glückliches Singledasein führst oder Deinen Partner fürs Leben findest.

Angestrebte Verhaltensänderungen im Umgang mit anderen:

1. _____

2. _____

3. _____

Wichtige Gedanken, die ich mir einprägen will:

1. _____

2. _____

3. _____

Praktische Dinge, die ich anpacken werde:

1. _____

2. _____

3. _____

Brainblocker 6: Meine Arbeit ist eine echte Last geworden.

»Die Arbeit macht Spaß, aber wer kann schon Spaß vertragen?«

Vor einiger Zeit war eine Krankenschwester auf mich zugekommen, die sagte:»Andreas, ich möchte vollzeitlich und nicht nur nebenberuflich für Gott arbeiten, weil der Schichtdienst im Krankenhaus zu hart für mich ist.« Mit dieser Haltung kommt keiner weit, erst recht nicht als»Vollzeitler«, dachte ich bei mir. Die Krankenschwester fuhr fort:»Du kannst viel beten, hast Zeit für die wirklich wichtigen Dinge.« Ich fragte sie, ob nicht gerade im Krankenhaus eine wunderbare Chance für einen Dienst an Gott und Menschen gegeben sei.

Als ich ihr dann in ein paar Minuten eine kurze Stellenbeschreibung über meine Tätigkeit präsentiert hatte, beneidete sie mich nicht mehr um meinen Dienst. Vielmehr schien ihr Interesse am vollzeitlichen Dienst spürbar gesunken.

Ein junger Mann wollte seinen Job wechseln und berichtete mir:»Meine Vorgesetzten machen jede Menge okkulte Praktiken. Ich glaube, ich werde kündigen.« Ich antwortete ihm mit einer Frage:»Was meinst du wohl, warum gerade du als Christ in diesem Job an der richtigen Stelle bist?«'Der junge Mann konnte mir im Moment nichts mehr erwidern. Trotzdem wechselte er einige Monate später seinen Job und fing an, in einem christlichen Werk zu arbeiten. Schon nach kurzer Zeit berichtete er mir über die Probleme im Werk, denn auch dieser Arbeitsplatz konnte ihn nicht zufriedenstellen.

Als Pastor höre ich jede Menge Menschen, die über ihre muffigen, langweiligen Jobs klagen, die dazu noch fast immer schlecht bezahlt sind. Manchmal habe ich den Eindruck, daß die meisten Menschen sich über jede Kleinigkeit, ihre Kollegen und den Chef nur deshalb beschweren, um unglücklich zu sein. Erstaunlicherweise scheint ihre Methode immer prompt zu funktionieren. Sie verstehen natürlich auch nicht, warum sich das selbstgemachte Unglück dann obendrein noch in ihr Privatleben fortpflanzt.

Die richtige Einstellung zur Arbeit ist völlig unabhängig von dem, was wir sind und tun. Es ist egal, ob wir Boß oder Angestellter, Zahnarzt, Arzthelferin, Hausfrau, Bauingenieur, Arbeiter, Pastor oder Putzhilfe sind. Wir alle sind immer selbst für unsere innere Zufriedenheit am Arbeitsplatz zuständig. Der Grad innerer Befriedigung und Zufriedenheit, den wir durch unsere Arbeit erreichen, ist von dem Wert, den wir unserer Arbeit beimessen, abhängig. Die Glücklichen gibt es in jedem Job, denn zufriedene Menschen nehmen eine andere Geisteshaltung durch erneuertes Denken ein. Sie haben verstanden, daß ein inhaltsreiches und sinnerfülltes Leben ohne Arbeit und Fleiß undenkbar ist.

In Sirach Kapitel 40, Vers 18 heißt es:»Angenehm leben kann einer von seinem Besitz oder vom Ertrag seiner Arbeit, ...« Hierbei ist die Art der Arbeit, die wir verrichten, weniger wichtig als die Einstellung, mit der wir sie verrichten. Fröhliche Hausfrauen sehen sich nicht benachteiligt oder betrachten sich als Gefangene ihrer oft stressigen, mühevollen Arbeit. Eine vielbeschäftigte Hausfrau sagte mir:»Ich vergegenwärtige mir die Wichtigkeit meiner Arbeit, und dabei vergesse ich immer wieder die Monotonie der Routine. Ich freue mich über die langzeitigen Früchte meiner Arbeit und das macht mich glücklich.«

Ein Verkäufer aus unserer Gemeinde, der eine positiv gewinnende Ausstrahlung hat, sagte mir:»Ich komme mit meinen Kollegen und Kunden deshalb gut zurecht, weil ich sie jeden Morgen segne und das Gute in ihnen suche. Ich bemühe mich immer, bestätigende, aufmunternde Worte für sie zu finden und jeden wirklich ernst zu nehmen.« Kein Wunder, daß er zu den beliebtesten Personen in seinem Betrieb zählt, ihm seine Arbeit viel Spaß macht und er gut gelaunt nach getaner Arbeit nach Hause kommt.

Ich stimme mit Abraham Lincoln überein, der sagte:»Meiner Beobachtung nach sind die Menschen immer genauso glücklich, wie sie es sein wollen.« Menschen, die kreativ und schöpferisch sind, gefällt es fast überall. Sie sagen: Statt mich von meinem Ärger unterdrücken zu lassen, entwickle ich lieber eine positive Haltung zu meinen Vorgesetzten, Kollegen und meiner Tätigkeit.

Wenn Chefs und Kollegen problematisch sind

Der verbannte Jünger Johannes hatte auf der Insel Patmos auch keinen angenehmen Arbeitsplatz, an dem er die Offenbarung aufschrieb. Interessant aber ist, daß gerade in dieser trostlosen Einöde Gottes Engel zu ihm kamen. Als ich vor vielen Jahren eine Krankenpflegeausbildung machte, arbeitete ich auf einer Station, die von einem regelrechten Tyrannen geleitet wurde, einem Mann, der mir das Leben zur Hölle machte.

Jeden Tag schöpfte ich in kleinen Gebetspausen, die ich bei gewissen monotonen Arbeiten, bei denen ich allein war, halten konnte, neue Kraft für den starken Druck, unter dem ich damals stand. Die Erfahrungen, die ich machte, waren ähnlich gelagert wie die Erfahrungen eines Johannes. Auch Du kannst, wenn Dein Arbeitsplatz einem »Patmos« gleicht, die Erfahrung machen, daß Gott die Falten aus der Seele bügelt, die andere gerade hineingeknittert haben. Natürlich gibt es für die meisten immer noch die Möglichkeit für einen Job- oder Berufswechsel, der situationsbedingt durchaus berechtigt sein kann. Trotzdem gilt erst einmal: »Seid dankbar in allen Dingen.« Schätze alles, was Du auf Deinem Weg durch die Arbeitswelt antriffst. Erfreue Dich am Sonnenstrahl, der Kaffeepause, dem Witz eines Kollegen und der »Wolke von Zeugen« (Hebr 12,1), die Dir über die Schulter schaut. Dein Schöpfer ist bei Dir und möchte Dich zu einem Segen für Deine Abteilung machen. Denke positiv und freue Dich über Dein Gehalt. Denk dran, Arbeit ist ein Gott gegebener Segen und für einen gesunden, seelischen, geistigen und körperlichen Haushalt notwendig.

Luther sagte:»Der Mensch ist zum Arbeiten geboren wie der Vogel zum Fliegen.« Wir sollten uns unbedingt von den Gedanken verabschieden, die uns einreden, Arbeit sei eine bedrückende und quälende Angelegenheit, die uns überfordert und schadet. Diejenigen, die nur an ihre Pensionierung denken, werden sich noch gewaltig umschauen. Benjamin Franklin sagte:»An der Pensionierung ist nichts Falsches, solange sie uns nicht hindert zu arbeiten.« Harte Arbeit hat noch keinem geschadet, denn sie befriedigt und gibt Sinn.

Ohne das göttliche Prinzip der Dankbarkeit leben wir nach dem Einbahnprinzip der Pessimisten, von denen es leider mehr als genug gibt. Zufriedene Menschen nehmen immer die Geisteshaltung der Dankbarkeit ein und gewinnen so an Einfluß und Autorität. Halten wir uns immer vor Augen, daß wir doch sowieso an einem ganz anderen Rennen teilnehmen. Es ist viel leichter, in eine Kampfbeziehung mit Kollegen hineinzugeraten als in ein gutes, freundschaftliches Verhältnis. Zeige Deinen Kollegen durch Dein Verhalten aus welchem Geist Du lebst, und daß Christus in Dir lebendig ist. Indem wir sie segnen, ermutigen, bestätigen und ihnen zuhören, werden die Nebelschwaden in einer Abteilung, deren Stimmung verpestet ist, langsam aber sicher abziehen. Liebe versagt nie (1 Joh 4,16), sie harmonisiert den Arbeitsplatz. Begegnen wir doch den Kollegen mit Liebe und Vergebung, denn die Liebe Gottes wird, beständig weitergegeben, immer zum Erfolg führen, auch am Arbeitsplatz. Nur durch Liebe werden Menschen dem Vaterherz Gottes nähergebracht. Statt uns schmollend zurückzuziehen oder zu fliehen, sollten wir segnen und kleine Aufmerksamkeiten der Liebe verschenken. In diesem Sinne können wir ruhig unseren Arbeitsplatz Gott weihen.

Mehr Energie und Freude bei der Arbeit

Eine minderwertige Arbeitsleistung hat fast immer mit mangelnder Anerkennung, mangelnder Verantwortungsübertragung, Aufstiegsschwierigkeiten und Kommunikationslücken zu tun. Das aber ist Sache der Arbeitgeber oder des nächsten Vorgesetzten, bei der sich naturgemäß nicht viel verändern läßt, es sei denn durch intensives Gebet für die Betroffenen. Unser Teil ist es, auf uns und unsere Einstellung zur Arbeit zu schauen.

Viele Menschen klagen immer wieder: »Ich bin so müde und geschafft von meiner Arbeit.« Meist sind sie deshalb erschöpft und ermattet, weil sie keinen Wert und Sinn in ihrer Arbeit sehen. Es ist erwiesen, daß bei stundenlanger aktiver Hirnleistung so gut wie keine »Ermüdungstoxine« in unserem Blut nachweisbar sind. Die Müdigkeit, von der ich schreibe, entwickelt sich durch eine gedanklich-gefühlsmäßige »Schräglage«. Wenn wir also »geschafft« sind, liegt es weniger an dem, was wir getan haben (es sei denn, wir hätten einen LKW leergeräumt), sondern vielmehr daran, mit welcher Haltung wir unsere Arbeit verrichten.

Psychologen und Psychiater haben schon vor Jahren auf den Zusammenhang von Langeweile und Müdigkeit bei der Arbeit hingewiesen. Menschen werden müde und abgespannt, wenn sie unterfordert sind und kaum etwas zu tun haben. Kopfschmerzen, Konzentrationsschwäche und Müdigkeit verschwinden dagegen, sobald wir (unsere Arbeit) mit Interesse und einer positiven Haltung verrichten. Sobald wir in einer besseren Weise von unserer Arbeit denken, haben wir mehr Energie. Dankbarkeit ist also einer der größten Energiespender. Konzentriere Dich auf den Segen, den Deine Arbeit darstellt und nicht auf die Probleme. Zähle die Siege und nicht die Niederlagen und entwickle eine positive Haltung der Dankbarkeit.

Wichtige Gedanken, die ich mir einprägen will:

1. _____

2. _____

3. _____

4. _____

Was kann ich tun, um ein Segen an meinem Arbeitsplatz zu sein:

1. _____

2. _____

3. _____

4. _____

Angestrebte Verhaltensänderungen im Umgang mit mir:

1. _____

2. _____

3. _____

Angestrebte Verhaltensänderungen im Umgang mit anderen:

1. _____

2. _____

3. _____

Brainblocker 7: Hilfe, man greift mich an!

»Kritiker sind blutrünstige Leute, die es nicht bis zum Henker gebracht haben.« (George Bernard Shaw)

Am Palmsonntag hatte Jesus neunzig Prozent Zustimmung, am Karfreitag erfuhr er – durch dasselbe Volk – neunzigprozentige Ablehnung. Daß Angriffe etwas durchaus Normales sind, drückte Albert Schweizer sehr treffend in folgenden Worten aus:»Selbst wenn du das Beste willst, darfst du nicht davon ausgehen, daß andere dir Steine aus dem Weg räumen. Selbst wenn du das Beste willst, mußt du damit rechnen, daß andere dir immer wieder neue Steine in den Weg rollen.«

Der Pastor Duc Murren erzählte von seinem Leben mit einer körperlich behinderten Tochter. Er berichtete:»Als meine Tochter Racy noch kleiner war, wollte sie immer eine Ballerina sein, jedoch konnte sie kaum laufen. Eines Tages, als sie in der Schule war, sollten die Kinder beschreiben, welchen Beruf sie sich für später einmal vorstellen könnten. Racy sagte: ›Ich möchte eine Mutter und eine Ballerina sein.‹ Gehässig wie kleine Kinder nun mal sein können, antwortete ein Mädchen mit Namen Klarissa: ›Jemand wie du wird niemanden finden, höchstens einen Mann, der auch behindert ist. Und wie willst du denn tanzen, wo du nicht einmal richtig laufen kannst.‹« Racy kam geknickt und erschüttert mit verheultem Gesicht nach Hause.

Nachdem ihr Vater sich ihr Problem angehört hatte, sagte er:»Racy, laß uns mal ganz offen miteinander sein. Die Leute werden sich vielleicht das ganze Leben über dich lustig machen. Du mußt eine Entscheidung treffen, wie du damit fertig werden willst. Da draußen in der Welt gibt es viele Klarissas, die ihre gehässige Meinung über dich sagen. Du mußt selbst entscheiden, für wen du dein Leben lebst. Wem gehörst du und auf wen hörst du?«, fragte er seine Tochter. Da Racy durch ihren Vater schon viel von Gott erfahren hatte, wußte sie, welche Wahl anstand: »Höre ich auf Jesus oder die Klarissas dieser Welt?«

Der Vater fragte weiter:»Was glaubst du, denkt Jesus über dich und deine Zukunft?« In Racys Gesicht war auf einmal ein großes Lächeln zu sehen. Ihre Augen leuchteten, als sie antwortete:»Auch wenn ich für die anderen keine Ballerina bin, für Jesus bin ich eine.«

Wie ein Angriff zu etwas Positivem wird

Diese eben geschilderte, wahre Begebenheit ist wunderbar, denn sie macht deutlich, wie wir mit destruktiver Gehässigkeit anderer durch erneuertes Denken umgehen sollen. In einem gewissen Sinn sind wir doch alle an irgendeinem Punkt behindert, schwach oder auf irgendeine Weise anderen gegenüber benachteiligt, manchmal sogar ausgeliefert. Genauso wie Racy müssen wir eine Entscheidung treffen und uns zwei Dinge fragen:

> *1. Wie werde ich mit meinen Begrenzungen fertig?*
> *2. Auf wen will und werde ich hören?*
> *Auf Gott oder meine Gegner?*

Gibt es irgendwelche Begrenzungen oder Schwächen in Deinem Leben, auf die sich das Gelernte anwenden läßt? Sobald wir aufhören, Menschen und Umständen die Möglichkeit einzuräumen, daß sie uns schaden oder niedermachen können, erleben wir einen inneren Durchbruch. Es ist nahezu unmöglich, jemanden fertig zu machen oder zu unterdrücken, der beschlossen hat, Gott zu seiner Stärke zu machen. Ein türkisches Sprichwort sagt: »*Die Hunde bellen, aber die Karawane zieht weiter.*« Sofern Du in Gottes Karawane mitziehst und mit erneuertem Denken die Welt begreifen lernst, wird Dich das Knurren und Zähnefletschen der Feinde am Weiterziehen nicht hindern.

Ein Gemeindemitglied kam aufgeregt auf mich zu und zeigte mir einen Zeitungsartikel, in dem Zusammenhänge so verdreht dargestellt wurden, daß auch mein Name in besorgniserregender Weise in eine ungute Sache verwickelt schien. Doch bevor sich für mich das Bedrohliche dieses Artikels aufbauen konnte, erinnerte ich mich an einen Evangelisten, der mir erzählt hatte, was er in einem solchen Fall tut: Er legt einfach seine Hand auf den Artikel und betet:»In der Autorität Jesu, du arbeitest für mich und nicht gegen mich. Amen.« Schon während ich in ähnlicher Weise betete und dem Journalisten vergab, legte sich ein tiefer Friede auf meine Seele, den ich nur Gott zuschreiben konnte.

Tote spüren keine Schmerzen

Abraham Lincoln schrieb einen bemerkenswerten Satz: »*Wenn ich alle Angriffe auf mich lesen oder gar beantworten wollte, könnte ich mein Geschäft ebenso schließen.*« Jemand, der im erneuerten Denken geschult war, hatte eine sehr persönliche Art, auf Angriffe zu reagieren: »Es trifft nicht mich, sondern Christus in mir, und der ist Kummer gewöhnt.« Sind wir mit Christus gestorben, in seinen Tod hineingetauft, so wird es primär einen Toten treffen. Bekanntlich spüren ja gerade Tote keinen Schmerz. Geben wir also der Kritik und dem Angriff nicht so viel Raum und fahren wir unbeirrt fort, mit Gott in Beziehung zu leben.

Den Gegenwind nutzen

Wie wir wissen, steigt ein Drache nur bei Gegenwind. Wenn Menschen uns angreifen, uns mit Worten niedermachen, so ist das meist doch nur eine Bestätigung dafür, daß es mit uns bergauf geht. Oft sind es der Neid und die Minderwertigkeitsgefühle der anderen, die Deinen Erfolg niedermachen müssen. Häufig sind es die schlechten Schüler, die die erfolgreichen angreifen und zu konformistischen Strebern und Schleimern abstempeln. Warum waren die Schriftgelehrten und Pharisäer so gegen Jesus? Sicher auch, weil sie mit seinem unglaublichen Erfolg nicht fertig wurden. Das älteste Paradebeispiel ist Kain, der aus den eben genannten Motiven seinen Bruder Abel erschlug. Jedesmal, wenn jemand etwas auf kulturellem, geistlichem oder literarischem Gebiet leistet, was sich von der Norm abhebt, so erhält er Belohnung sowie Bestrafung. Neider verunglimpfen, machen nieder, wogegen Bewunderer anerkennen und nachzuahmen versuchen. Solange das, was wir singen, geistlich entwickeln, schreiben oder malen im Bereich des allgemein üblichen liegt, wird keiner versuchen, uns schlecht zu machen oder zu übertreffen. Dies gilt übrigens auch für moralische und geistliche »Leistungen«. Es ist kaum zu glauben, aber die gesegnetsten Menschen haben gleichzeitig auch den größten Widerstand. Wer es Dir in seinen Bemühungen nicht gleichtun kann, wird die Tendenz haben, Deine Leistungen abzuwerten. Trotzdem wird Dein gutes Werk immer für sich sprechen, ganz gleich, wieviel Verleumder an Deinen Fersen kleben.

Es hat sehr lange gedauert, bis ich verstanden habe, daß hinter vielen Angriffen nichts anderes als Neid und Minderwertigkeitsgefühle stecken. Seitdem fällt es mir etwas leichter, so manche Anfeindung, die ich heute erlebe, als Ermutigung und Kompliment aufzufassen. Greift Dich also jemand auf destruktive Weise an, so frage Dich, ob hinter dem vermeintlichen Angriff nicht ein verkleidetes Kompliment steckt. Auf diese Weise nutzt Du den Gegenwind, um wie ein Drache zu steigen.

Vielleicht stellt sich ein Leser noch folgende Frage: Sollen wir uns nicht über die aufregen, die uns verleumden und so bösartig angreifen? Zugegeben, es fällt keinem leicht, innerlich gelassen zu bleiben, aber nimmt man einem Kranken übel, daß er krank ist?

Eine Hauptlektion, die Jesus seinen Jüngern damals wie heute in Wort und Tat zu vermitteln sucht, ist doch die, daß wir viel Erbarmen mit unseren Feinden haben sollen, und daß großzügiges Vergeben und Vergessen eigentlich unsere zweite Natur sein müßte, wenn wir zu Jesus gehören. Gerade diese Haltung birgt ungeahnte Möglichkeiten, Jesus ganz persönlich zu begegnen. »Vor den Augen meiner Feinde deckst du mir deinen Tisch« (Psalm 23,5).

Darüberhinaus sollten wir darauf achten, daß wir selber nicht in das gleiche Fahrwasser der Kritik geraten, wenn andere Personen brillante Leistungen hervorbringen oder auf irgendeine Weise besonders von Gott gesegnet wurden. Da mich Gott selber vor einiger Zeit an diesem Punkt innerlich überführt hat, beschloß ich, die großartigen Segnungen und Leistungen anderer immer positiv zu erwähnen und mich obendrein über ihre Siege zu freuen. Ich bin zutiefst davon überzeugt, daß diese Grundhaltung erneuerten Denkens mehr Segnungen Gottes für uns freisetzt.

Zusammenfassung: Was ist zu tun, wenn man Dich angreift?

1) Treffe wie Racy eine Entscheidung, auf wen Du hören willst. Auf Gott oder die »bösen« Klarissas dieser Welt?

2) Es ist nahezu unmöglich, jemanden fertig zu machen oder zu unterdrücken, der beschlossen hat, Gott zu seiner Stärke zu machen. Bedenke: Tote spüren keine Schmerzen.

3) Überlege, ob der erlebte Angriff nicht in Wirklichkeit als ermutigendes Kompliment zu werten ist.

4) Bedenke: Nur der Gegenwind läßt uns so wie den Drachen höher steigen.

5) Nimmt man einem Kranken übel, daß er krank ist? Nein. Warum dann einem Angreifer, der sich selbst auf irgendeine Weise angegriffen und verletzt fühlt?

6) Jesus lehrt uns, daß wir viel Erbarmen und eine vergebende Geisteshaltung für unsere Angreifer und Feinde brauchen. Werde großzügig im Vergeben.

7) Glaube an den guten Gott, der Dir auch heute im Angesicht Deiner Feinde den Tisch decken will (Ps. 23,5).

Brainblocker 8: Ich werde alt.

Wie alt bist Du wirklich?

Die Werbung berieselt den Menschen mit dem Grundgedanken, es sei fast schon ein Vergehen, älter zu werden. Durch einen überzogenen Jugendkult verlieren viele ältere Menschen die Achtung vor sich oder versuchen, die Zeit zurückzudrehen. Trotzdem stellt sich jeder irgendwann folgende Frage: »Was ist, wenn ich eines Tages meine Fußnägel nicht mehr schneiden kann oder mit einem Katheter im Bett liege?«

Viele Menschen fühlen sich im Alter zunehmend leer und ohne Sinn, wie ein Auto, das man in Portugal am Straßenrand zum Abwracken stehen läßt. Was ihnen fehlt, ist Phantasie und das Wissen, daß Gott uns nicht auf den Nebengleisen des Lebens rosten lassen möchte. Stattdessen läßt man sich vom Kalender einreden, man sei alt und somit sei die Zeit zum Vegetieren und Verkalken gekommen. Sich dies einzureden, ist genauso unrealistisch wie die innere Ablehnung und das Bekämpfen des Alters durch vorgetäuschte Jugend. *»Alter verklärt oder versteinert«*, sagte Maria von Ebner-Eschenbach.

Aus diesem Grund muß gerade im Alter das Denken erneuert und erfrischt werden, damit wir in der Endphase unseres irdischen Lebens noch einmal kräftig aufleuchten. Von diesem Anliegen beseelt, sollte man deshalb möglichst wenig auf die Apostel falscher Demut hören, sondern vielmehr dem erneuerten Denken genügend Raum geben. Mit den enormen Chancen, die ein auf Gott ausgerichteter Mensch in seiner Endphase hat, wollen wir uns nun befassen.

Die Bibel sagt zu diesem Thema:»Genieße froh jeden Tag, der dir gegeben ist! Auch wenn du noch viele vor dir hast – denk daran, daß die Nacht, die ihnen folgt, noch länger ist« (Koh 11,8). Es gibt herrliche alte Menschen, die immer noch voller Tatendrang sind und am liebsten Bäume ausreißen würden. Oder andere, die durch ihr stilles Gebet ganze Problemberge versetzen. Solche Menschen haben eine Vision, die größer ist als die Beschwerden des Alters.

Ein fünfundneunzigjähriger Jugendlicher

»Es ist zu dumm, daß Jugend an junge Leute verschwendet wird«, sagte Bernhard Shaw zu einem Zeitpunkt, als er schon selbst in die Jahre gekommen war. Wie wahr dieser Seufzer ist, kann folgendes Beispiel anschaulich belegen: Ein Evangelist berichtete von einem fünfundneunzigjährigen Mann namens Papa Sizer, der in Tulsa lebte. Jeden Sonntag nachmittag war er in seinem Rollstuhl unterwegs, um in einem Gefängnis zu predigen. Gefangene kamen zu einem lebendigen Glauben an Christus, weil Papa, der von seiner Frau im Rollstuhl geschoben wurde, echt war, wenn er so mit kleinen Bibelschriften»bewaffnet« in seinem Rollstuhl saß und von Jesus erzählte. Als ihm seine Heftchen ausgingen, besuchte er den besagten Evangelisten und sagte:»Ich brauche neue Traktate, die ich verteile, um Menschen für Gott zu gewinnen.« Tränen rannen über seine Wangen, als er fortfuhr:»Ich kann nicht sterben. Ich habe keine Zeit zum Sterben. Zu viele Menschen brauchen Jesus.« Vermutlich wußte keiner die Zeit so sehr zu schätzen und so gut zu nutzen wie Papa Sizer.

Gegen so manchen Zwanzigjährigen, der in seinem Denken schon alt ist, wirkt Papa Sizer wie ein Jugendlicher. Sirach Kapitel 30, Vers 24 sagt:»Sorgen machen vorzeitig alt.« Man ist also doch immer so alt, wie man sich fühlt. Es wäre sicherlich besser, dankbar für sein Alter zu sein, für den Grad der Weisheit und inneren Reife, die man sich mit Mühe erworben hat.

Auch der Herbst hat schöne Tage

Vielleicht gehörst Du auch zu den älteren unter meinen Lesern. Dann wirst Du auch beobachtet haben, daß man mit zunehmendem Alter etwas häufiger über das Sterben nachdenkt und spricht. Dies scheint durchaus normal, denn der Tod ist etwas Natürliches. Er gehört zum Leben. Einige Personen aber übertreiben diese Tatsache. Betroffene, die sich immer wieder dabei ertappen, häufig über den Tod zu brüten, sollten sich ernsthaft fragen, ob dieses Kreisen um den eigenen Tod nicht daher rührt, daß ihnen ein lohnenderes Ziel in Form einer befriedigenden Lebensaufgabe fehlt. Gott hat ganz bestimmt noch etwas mit Dir vor, für das er auf Deine Mithilfe angewiesen ist. Überdenke betend Deine Gaben und Möglichkeiten und stelle Dich Gott mit ganz einfachen Worten zur Verfügung.

Die Augen meiner Töchter leuchten immer, wenn ihre Großväter und Großmütter spannende, lehrreiche Geschichten erzählen oder mit ihnen basteln. Wer hört heute schon den Kleinen zu? Betrachte Dein Alter nicht als Last, sondern als Segen, denn nun kannst Du Deine Weisheit, Reife und Erfahrung einbringen, die der Jugend noch fehlen. Auch der Herbst hat schöne Tage und das Teeniealter ist nicht alles, was das Leben zu bieten hat. Konzentriere Dich auf ein neues Ziel, das Gott Dir aufs Herz legt und setze es Schritt für Schritt in die Tat um.

Vernünftige Gedanken erneuerten Denkens im Alter

*   Sage Dir: »Ich liebe mein Alter, und vielleicht erreiche ich auch so ein biblisches Alter wie Papa Sizer.«

*   Denke daran, daß es Regionen in dieser Welt gibt, in denen die Lebenserwartung kaum höher als dreißig Jahre ist. Welch ein Segen ist es doch, daß Du schon so viele Jahre glücklich gelebt hast, oder etwa nicht?

*   Sage Dir weiterhin: »Ich werde mein Alter nicht verleugnen, weil ich mich selbst und den Lebensrahmen, den Gott mir gibt, nicht verleugnen werde.«

*   Ich zermartere mir nicht den Kopf über Dinge, die ich nicht ändern kann und gehe humorvoll mit meinem »Opatempo« um.

- Mein Alter ist keine Last, sondern ein Segen, denn ich habe noch viel zu geben.

- Ich werde mich auf ein neues Lebensziel im Herbst meines Lebens konzentrieren und Gott um Weisung bitten.

- Ich werde jeden Atemzug, jeden Gedanken, jeden Handgriff, jedes Gebet für eine gute Sache einsetzen.

- Wer noch zur Schar der Lebenden gehört, der hat noch etwas zu hoffen (vgl. Koh 9,4). Ja, ich will euch tragen bis ins Alter und bis ihr grau werdet (vgl. Jes 46,4). Der alte, inzwischen verstorbene Jazzmusiker Dizzy Gillespie sagte in einem Interview:»Jeden Morgen lese ich mir in der Zeitung die Todesanzeigen durch. Wenn mein Name nicht drin steht, mache ich weiter wie gehabt.«

Abschließend noch ein Wort an die jungen Leser. All denjenigen, die ihre Eltern im vorgerückten Alter lieben, möchte ich noch einen wichtigen Gedanken auf den Weg geben.»*Mütter tragen ihre Kinder durch den Morgen, Kinder sollten ihre Mütter durch den Abend tragen*« (M. Seemann).

Brainblocker 9: Ich kann mich einfach nicht mehr freuen.

Wie oft haben wir diesen Satz schon gehört oder selber gesprochen? Warum mache ich mir eigentlich soviel Sorgen? Ist es nicht auch so, daß in unserem Leben in der Regel die Dinge weit über neunzig Prozent gut laufen und wir uns trotzdem über die fünf bis acht Prozent grämen, ärgern und wahre Orgien des Selbstmitleids veranstalten, wenn es mal nicht nach unseren Vorstellungen geht? Obendrein tun wir oft noch so, als ob wir der einzige Mensch sind, der Sorgen hat und überzeichnen dramatisch oft unwichtige Nebensächlichkeiten. Woher kommen die Gedankenkräfte der Unzufriedenheit und des Ärgers, die uns jeden Schwung zum Leben rauben? Wir könnten solch sympathische, attraktive, dankbare und anziehende Menschen sein, wenn nicht der ständige Frust und Ärger wären, nicht wahr …?!

Eine undankbare Gesellschaft

Mir scheint, je technisierter und hochentwickelter eine Wohlstands-
gesellschaft, die im Überfluß lebt, wird, um so mehr Seelenklempner,
Selbsthilfegruppen, Therapeuten, Analytiker, Erziehungs- und Ehebe-
ratungsstellen braucht sie. Gerade der Konsumgüterindustrie liegt daran,
daß wir mit unserem Leben nicht allzu zufrieden sind. Durch eine
psychologisch raffiniert aufgebaute Werbung soll der Käufer immer in
einer gewissen Unzufriedenheit gehalten werden, damit er seine Sehnsucht nach Glück nur noch über den Konsum zu befriedigen sucht.

Dazu kommt noch ein allgemeiner Kulturpessimismus, der nun schon
seit Jahrzehnten im Trend liegt und der von vielen professionellen
Schwarzsehern der gebildeten Schicht hochgehalten wird. Ob Künstler,
Dozenten oder Autoren, alle wollen uns weismachen, daß mit einem
gewissen Bildungsgrad immer eine starke Dosis qualvoller, pessimi-
stischer Unzufriedenheit und kritischer Undank einhergehen muß. Es ist
dann nur noch eine Frage der Zeit, bis solche Menschen nicht einmal
mehr merken, daß die Sonne scheint. Und wenn sie es noch wahrnehmen,
dann sticht sie mit Sicherheit, ist zu grell oder hat auch schädliche
Auswirkungen.

Solche Zeitgenossen werden auch durch eine Predigt nicht aufgebaut,
sie fühlen sich erschlagen oder abgekanzelt bzw. war sowieso alles viel
zu unkritisch und blauäugig. Mit dem selektiven Blick der undankbaren
Kritik geschult, finden sie immer zuerst die Nadel im Heuhaufen und das
Haar in der Suppe. Der Genuß der Suppe sowie der Spaß im Heuhaufen
entgehen ihnen hierbei ganz. Wir brauchen echten Glauben und den Wert
der Dankbarkeit sowie eine gute Portion Mut, um nicht in das gleiche
Horn zu blasen. Ich möchte Dich, lieber Leser, ermutigen, auszubrechen
und zwar aus der Gewohnheit, so zu leben, wie eine krankmachende
Gesellschaft es von uns erwartet.

Schon in Lukas Kapitel 17, Verse 11-19 lesen wir, daß Jesus zehn
aussätzige Menschen heilte, doch nur einer zurückkam und »Danke!«
sagte. Die Relation 1:10 macht uns deutlich, daß Dankbarkeit auch schon
damals eine echte Rarität war. Gäbe es eine Art Meßgerät, das bei
dankbaren Menschen mit erneuertem Sinn ausschlägt, würde es mit
großer Wahrscheinlichkeit bei höchstens fünf von hundert Personen
ansprechen Zusätzlich würden wir feststellen, daß diese fünf Menschen
wesentlich glücklicher sind als die verbleibenden fünfundneunzig.

Ein junger sympathischer Israeli, den ich im Urlaub traf und mit dem ich ein Glas Wein trank, sagte mir: »So manch einer bedauert, daß er nur noch ein halbes Glas Wein vor sich auf dem Tisch stehen hat, wogegen ich mich über die zweite Hälfte doppelt freue.« Wer Dankbarkeit in seinem Inneren entfaltet, wird zu einem anziehenden, glücklichen und fröhlichen Menschen, der Gott Ehre macht.

Glückseligkeitsprinzip Dankbarkeit

Vor einiger Zeit war ich auf einem Missionseinsatz in Indien und besuchte u.a. ein Kinderheim. Hunderte von Kindern lebten zusammengepfercht in drei kleinen Lehmhütten, die von Palmzweigen bedeckt waren, durch die es bei starken Gewittern durchregnete. Es gab keine Toiletten außer dem fliegenumschwärmten Kakteengestrüpp hinter den Häusern, von dem viele poliogeschädigte Kinder auf allen vieren zu den Häusern gekrochen kamen, um mit einem Wasserschlauch notdürftig abgespritzt zu werden. Ich sah in vierhundert fröhliche Gesichter, achthundert leuchtende, strahlende Augen, die mit Dankbarkeit gefüllt waren. Sofort mußte ich an die Kinderaugen in Deutschland denken, die spielzeug-überfüllten Kinderzimmer unzufriedener Kinder und erschrak.

Im nächsten Moment kamen gesunde und poliodeformierte Kinder auf mich zugelaufen oder zugekrochen, um voller Erwartung gesegnet zu werden. Nachdem ich fünf dieser »segnungshungrigen«, dankbaren Kinder gesegnet hatte, schossen mir die Tränen in die Augen, denn ihre dankbare Offenheit hatte mich getroffen. Ein hilfsbereiter Junge machte mich darauf aufmerksam, daß noch mehr Gelähmte auf dem Boden lagen und auf eine Segnung warteten, während ein anderer seinen gelähmten Freund auf dem kleinen Rücken heranschleppte, damit dieser ebenfalls gesegnet würde.

Als Jesus die Kinder auf den Arm nahm, um sie zu segnen und zu heilen, mußte er ganz ähnlich empfunden haben. Er demonstrierte damit, daß niemand in seinen Augen unbedeutend, sondern jeder ein »Jemand« mit Bedeutung ist. Diese Wahrheit gilt und läßt diese Kinder, weil sie mit Dankbarkeit gepaart ist, überleben.

Ein kleines sechsjähriges Mädchen, das ich mein ganzes Leben lang nicht vergessen werde, sah mich mit großen, fast liebevollen Augen an und schenkte mir eine kleine, erbsenartige Hülsenfrucht. Das war alles, was sie hatte, »Spielzeug« und »Süßigkeit« in einem. Diese »Erbse« hatte Gewicht in meiner Tasche. Als ich zu Hause in Deutschland ankam, meine Koffer mit den Mitbringseln öffnete und meiner Frau und den Kindern die Geschichte von der Erbse berichten wollte, erstickte mein Bericht in Tränen – etwas, was bei mir normalerweise nicht so leicht vorkommt.

Warum sind diese Kinder, die nichts haben, so freundlich und warum haben sie so leuchtende Augen? Die Antwort lautet: »Dankbarkeit«. Diese kleinen Kinder in Indien haben schon früh lernen müssen, in allen Dingen dankbar zu sein, denn sie hatten, bei ihren Eltern angefangen, alles verloren. Was sie von europäischen Kindern unterscheidet, ist, daß sie gelernt haben, nicht auf Schmerz, sondern auf Dankbarkeit und Hoffnung zu setzen. Viele von ihnen haben ihre Kleinheit mit Gottes Größe verbunden, deshalb scheinen sie mit wenig glücklich zu sein. Indien hat zwar eine große materielle Not, aber keine Therapeutenschwemme.

Viele Therapeuten werden sich ihre Brötchen mit etwas anderem verdienen müssen, wenn wir anfangen, das zu praktizieren, was in der Bibel steht. »Danket Gott, dem Vater, zu jeder Zeit für alles im Namen unseres Herrn Jesus Christus« (Eph 5,20). Und: »Dankt Gott in jeder Lebenslage. Das will Gott von denen, die mit Jesus Christus verbunden sind«(1 Thess 5,18). (auch: Phil 4,6-7). Ich glaube, daß der größte aller Psychologen, Gott, uns mit der Aufforderung, dankbar zu sein, folgendes sagt:

Es sind nicht unsere miesen Gefühle und Verstimmungen, die unsere Gedanken prägen, sondern unsere undankbaren Gedanken, die unsere miesen Gefühle und Verstimmungen erzeugen. *»Zwei Gefangene sahen durch die Gitterstäbe in die Ferne, der eine sah nur Morast, der andere die Sterne.«*

Im großen und ganzen habe ich nur zwei Sorten von Menschen kennengelernt. Zum einen die unglücklichen, pessimistischen Nörgler, wogegen die anderen glückliche, dankbare Menschen waren. Eine Mischung aus beiden ist absolut ausgeschlossen. Oder kennst Du einen dankbaren Pessimisten oder eine glückliche Nörglerin? Für ein freundliches Lächeln braucht der Mensch zwölf, um ein böses Gesicht zu machen vierundsiebzig Muskeln. Trotzdem wird weniger gelächelt und stattdessen viel mehr ein ärgerliches Gesicht gemacht.

Leider leben undankbare Nörgler auf der Schattenseite des Lebens. Schon Bodelschwingh sagte: *»Das Reifwerden eines Christen ist im tiefen*

Grunde ein Dankbarwerden«. Unser Geist muß seine Autorität beweisen, indem er sich gegen falsch angeeignete (Un-)Werte wie Kritik und Unzufriedenheit der Seele zur Wehr setzt, um nicht im geölten Gang der altgewohnten, gedanklichen Routinemaschinerie unterzugehen.

Wer morgens zerknittert in den Spiegel schaut, soll wissen, daß der angebrochene Tag noch viele Entfaltungsmöglichkeiten mit sich bringt.

Ein Christ mit einer lebendigen Beziehung zu Jesus kann gar nicht anders als einen Lebensstil der Dankbarkeit zu leben. Psalm 1 lehrt uns, daß wir nicht dort sitzen sollen, wo die Nörgler und Spötter sitzen. Wer die Bibel regelmäßig aufschlägt, der kennt Hunderte von Aufforderungen, die ihn ermuntern, dankbar und zufrieden zu sein. Ohne Dankbarkeit im Herzen ist die Gemeinde für den Gegendruck des Lebens so gewappnet wie ein Blindenverein, der gegen eine Fußballmannschaft zu spielen versucht.

Ich sprach bereits davon, daß Undankbarkeit und Ärger uns unserer Lebensenergien berauben, die für ein gutes Ziel viel besser zu nutzen wären, und obendrein Verstimmungen und Disharmonie erzeugen. Bildlich gesprochen sind wir vom Energiestandpunkt aus betrachtet wie ein voll geheizter Raum im Winter, der nie warm wird, weil seine drei Fenster offenstehen. Dankbarkeit verschließt die Fenster und konkrete Ziele bündeln unsere Energie. Ein undisziplinierter, unzufriedener Mensch verpulvert seine Lebensenergie, wogegen ein Kluger sie zielgerecht einsetzt.

Dankbarkeit besiegt den Lebensdruck

Ohne Zweifel gehörte der Apostel Paulus zu den unerschütterlichen »Dankern« und Glaubensoptimisten. Das Maß an Ablehnung, das er erfuhr, war regelmäßig übergelaufen. Man denke nur an die Prügel, Peitschenhiebe, die Steinigungen, beißende Kritik, Verrat, Hitze und Kälte und erst die Mißverständnisse mit seinen Mitchristen! Trotzdem sagt er: »Freut euch! Und abermals sage ich: Freut euch!« (Phil 4,4). »Saget Dank allezeit für alles« schien eine seiner Lebensmaximen zu sein. Nur mit dieser gelebten Wahrheit läßt sich seine Fähigkeit erklären, ohne Verbitterung Schmerz und Enttäuschungen wegstecken zu können.

»Macht euch keine Sorgen, sondern wendet euch in jeder Lage an Gott und bringt eure Bitten vor ihn. Tut es mit Dank für das Gute, das er euch schon erwiesen hat.« (Phil 4,6).

Auswirkungen von Dankbarkeit:

- Mit Dankbarkeit im Herzen sind wir für den Druck des Lebens gewappnet.

- Dankbarkeit befreit von schlechten Launen und Verstimmungen.

- Dankbarkeit setzt enorme Energie frei.

- Dankbarkeit befreit von Emotionen der Unzufriedenheit, die Kopf- und Magenschmerzen erzeugen.

- Dankbarkeit befreit uns aus dem Morast des Selbstmitleides.

- Dankbarkeit befreit uns aus der Kritiksucht.

- Dankbarkeit macht selbst unglückliche Reiche, die alles haben, wieder glücklich.

- Dankbarkeit macht uns anziehend, attraktiv und sympathisch.

- Dankbarkeit baut meine Therapiebedürftigkeit ab.

- Dankbarkeit ist der Wille Gottes.

Säe eine Gewohnheit, um einen Charakter zu ernten

Ich möchte Dich ermutigen, daß Du jeden Morgen, nachdem Du aufgestanden bist, Deine Aufmerksamkeit auf Dankbarkeit richtest: »Säe eine Gewohnheit und Du wirst einen Charakter ernten«, sagt William James. Unsere Gedanken, Gebete, Worte und Gesänge sollten von daher nur so vor Dankbarkeit »triefen«, auch dann, wenn wir Montagmorgen unausgeschlafen im Auto oder der Bahn zur Arbeit fahren. Mache es Dir zur Routine, über das nachzudenken, wofür Du dankbar sein kannst.

- Du kannst Gott für alle Menschen, die Du kennst und liebst, danken.

- Danke ihm für alles, jeden Atemzug, Deine Kinder, Deinen Job, Deine Gemeinde, Deine Möglichkeiten und Gaben.

- Danke Gott dafür, daß Du überhaupt danken kannst, und ein wunderbares Geschenk an die Welt bist.

- Sofern Du einen festen Lebenspartner hast, fertige eine Liste von dreißig Eigenschaften an, für die Du an Deinem Partner dankbar bist. Mache es zu einer Gewohnheit, den Inhalt dieser Liste in persönliche Komplimente zu kleiden.

- Notiere auch, wofür Du an Deinem Arbeitsplatz dankbar sein kannst und erfülle Deinen Arbeitsplatz mit einer dankbaren Haltung.

- Da es kein Wachstum ohne Schmerz gibt, danke Gott auch für die schmerzhaften Seiten Deines Lebens.

- Bedanke Dich bewußt bei Deinen Mitmenschen und achte darauf, daß Dein Dank nicht zu übersehen und zu überhören ist.

Dankbarkeit ist Trainingssache

Es gibt genügend hochtrabende Ideen, die an mangelndem Antrieb immer wieder wie Seifenblasen zerplatzen. Deshalb genügt es nicht, daß wir etwas über die verändernde Kraft eines erneuerten Sinnes wissen oder uns darüber freuen. Es reicht auch nicht aus, einen Lebensstil der Dankbarkeit zu wollen oder zu bejahen, man muß damit beginnen – heute!

Schon morgen früh kannst Du beweisen, daß Du zu den wenigen außergewöhnlichen, dankbaren Persönlichkeiten zählst, die unser Land so dringend braucht. Während der Rest der Welt sich müde in übler Laune räkelt, liest Du Dir laut folgende Vorsätze für den Tag vor, die Du zuvor auf einen kleinen Zettel geschrieben und an Deinen Badezimmerspiegel geklebt hast:

**Dies ist der Tag, den der Herr gemacht hat,
deshalb freue ich mich, daß ich lebe.
Ich werde ihn dankbar beginnen
und dankbar beenden,
denn Dankbarkeit ist Trainingssache.
Ich werde Negatives möglichst wenig beachten,
dafür den Segen Gottes in allem suchen und finden.
Meine Seele lobe den Herrn. Jetzt.**

Du wirst feststellen, daß erneuertes Denken, das mit Dankbarkeit angefüllt ist, eine Flut von positiven Erwartungen freisetzt. Wie bei dynamischen Energiemenschen mit ständigem Energiezuwachs entsteht bei Dir ein gutes Glaubensklima, in das Gott seinen Segen hineinpflanzt. Schon nach drei Wochen wird das Aufstehen, Deine Gebetszeit, das Frühstück sowie der Arbeitsbeginn zu einem aufbauenden »Ritual«. Unabhängig davon, was der Tag noch bringen mag, Du bist gewappnet.

Der Weg aus der inneren Armut zum inneren Wohlstand ist ein sehr schöner Weg. Er heißt Dankbarkeit und führt vom Kopf geradewegs ins Herz. Durch die gewohnheitsmäßige, konsequente Anwendung von Dankbarkeit entsteht in Dir ein unerschütterlicher, dankbarer Charakter, der Dir und vielen zum Segen wird.

Wichtige Gedanken, die ich mir einprägen will:

1. _____

2. _____

3. _____

Wichtige Änderungen in meinen Lebens- und Denkgewohnheiten:

1. _____

2. _____

3. _____

Brainblocker 10: Ich fühle mich schwach, ich glaube ich werde krank.

Haben wir die Tendenz, immer neue Anzeichen für irgendwelche Krankheiten zu entdecken, so verdeutlicht uns dieser Sachverhalt einen verinnerlichten Aufmerksamkeitsmechanismus. Personen, die Zuwendung über ihre Krankheit zu erhalten hoffen, entwickeln tatsächlich eine gnadenlose Anfälligkeit für alle möglichen Arten von Leiden. Die Höllenqualen und Schreckgespenster eines in der Einbildung herrschenden Krankheitsimperiums können einem ganz schön zusetzen. Es ist ganz einfach falsch, den Teufel so lange an die Wand zu malen, bis er Macht über uns hat. Dessen ungeachtet, hast Du schon mal darüber nachgedacht, welche Anarchie und Tyrannei demjenigen blüht, der seinen Magen, seine Niere oder Galle zum Boß macht? In der Regel wird nur eine Verschlimmerung der Gebrechen ausgelöst, wenn wir unseren negativen und ungläubigen Gedanken Raum und Nahrung geben.

Energieverschwender »eingebildete Krankheit«

Jeder Mensch verfügt über ein gewisses, gottgeschenktes Maß an Lebensenergie, für deren richtigen Einsatz er eines Tages vor seinem Schöpfer Rechenschaft ablegen soll. Leider wird viel zu viel Lebensenergie und Kraft durch Unversöhnlichkeit, Angst und Krankheitsphantasien gebunden, manchmal sogar in eine selbstproduzierte Krankheit abgeleitet und auf Nimmerwiedersehen verbraucht. Eine so entstandene Krankheit ist kein Energiespender, sondern ein sehr großer Energieverschwender. Zurück bleiben unausgestaltete Berufungen, unentwickelte Talente, Glaube ohne Werke und ein energieloser Mensch.

Bekenntnis bringt Resultate

Man kann unmöglich Krankheitsgedanken säen und erwarten, in einem Segnungsgottesdienst geheilt zu werden. Jedesmal, wenn wir uns einreden: »Ich bin müde, restlos erledigt, ich glaube, ich werde krank«, wird unser Immunsystem – die körpereigene Abwehr – geschwächt. Die Folgen kennen wir. Viel besser wäre es zu bekennen, was Gott über unsere

Situation sagt. Sprechen wir als auserwähltes Geschlecht und königliches Priestertum, so müßte aus unserem Mund etwas anderes herauskommen, ein Bekenntnis, das mit Vollmacht gepaart ist. Bedenke, ein starker Geist gibt einem ermatteten Körper Kraft. Indem wir unseren Geist stärken, erhält auch der Körper Kraft.

»Aber alle, die auf den Herrn vertrauen, bekommen immer wieder neue Kraft, es wachsen ihnen Flügel wie dem Adler. Sie gehen und werden nicht müde, sie laufen und brechen nicht zusammen« (Jes 40,31). Mit anderen Worten – wir strotzen zunehmend vor Energie, wenn wir auf Gott unser Vertrauen setzen. Für mich schließt die Glaubensheilung, die wir oft in unseren Gottesdiensten erleben, nicht die medizinische Heilung aus und umgekehrt. Trotzdem strebe ich nach mehr Glauben, denn ohne Glauben ist es unmöglich, Gott zu gefallen (vgl. Hebr 11,6).

»Also kommt der Glaube aus Gottes Wort«, heißt es in Römer Kapitel 10, Vers 17 (Elberfelder). Unser Glaube bekommt erst dann eine reale Chance zu wachsen, wenn wir uns dem Wort Gottes zuwenden und ganz neu verstehen, daß Gott ein guter Gott ist, der es gut mit uns meint und über seinem Wort wacht (vgl. Jer 1,12). Letzten Endes beweist das Bekenntnis unserer Lippen, an wen oder was wir glauben.

Fünf Wege zur Bekämpfung von eingebildeten Krankheiten

1. Blocke alle Gedanken ab, die Dir dabei helfen, Dich in irgendwelche Wehwehchen und Krankheiten hineinzumeditieren.

2. Verweigere jegliche Zeitinvestition in depressive Verstimmungen und dem Nachsinnen und Diskutieren über Deine vielfältigen Leiden, ganz einfach in alles, was einen »Jammerlappen« aus Dir macht.

3. Sag Dir, daß Du es nicht mehr nötig hast, Zuwendung über Krankheiten zu beziehen, und löse Dich im Namen Jesu von einem verinnerlichten Krankheitsbewußtsein, sofern vorhanden.

4. Mache nicht irgendein Organ, sondern Gott zum Herrn Deines Lebens.

5. Sei aktiv, tatkräftig und unternehmungslustig, wenn es darum geht, Deinen Körper auf Trab zu halten.

Was ist zu tun, wenn man wirklich krank ist?

Bist Du tatsächlich krank, so studiere die biblischen Aussagen und Verheißungen über Gesundheit. Gib Gott und Deinem Glauben an ihn eine reelle Chance. Da die Glaubensheilung nach meinem Verständnis die medizinische nicht ausschließt und umgekehrt, so suche Heilung und Trost bei Gott und laß für Dich beten. Begib Dich aber auch, wenn nötig, in ärztliche Behandlung und halte Dich von religiösen Extremhandlungen fern. Abschließend sei in meiner bewußt kurz gefaßten Abhandlung noch erwähnt, daß echte Krankheiten oft eine Chance sind. Sie geben uns streßgeplagten Menschen oft erst die Möglichkeit, mit Gott in die Stille und innere Ruhe zu kommen. In solchen Krankheitstagen werfen wir Altlasten über Bord und können uns auf Neues einstellen.

Brainblocker 11: Warum treffen Mißerfolg und Versagen gerade mich?

Diese schwierige Frage ist mir immer wieder von niedergeschlagenen Menschen gestellt worden und, nebenbei bemerkt, habe ich sie oft genug schon mir selber gestellt. Die folgenden Gedanken sind über Jahre zu meiner persönlichen Lebensphilosophie herangereift und ich bemühe mich, sie auch in dunklen Tagen beizubehalten.

Fast jede namhafte Gestalt der Bibel erlebte Mißerfolg und Versagen, genauso wie Du und ich. Jeder von uns wird zu gewissen Zeiten weniger erfolgreich sein, Fehlschläge einstecken, versagen, um vermutlich dann an sich oder Gott zu zweifeln zu beginnen. Ich glaube, es war irgendein Schauspieler oder Künstler, der einmal sagte:»Ich bin nie arm gewesen, sondern nur pleite.« Was er mit diesem Satz ausdrücken wollte, war folgendes: Arm zu sein ist eine festgefahrene Lebenseinstellung der Niederlage, wogegen Pleitesein ein vorübergehender Zustand ist, von dem man sich wieder erholt. Erfolgreiche Menschen lernen aus ihren Fehlschlägen, wogegen erfolglose Personen auf ihre Fehlschläge mit einer negativen Haltung reagieren, die sie verbittert oder verdammt.

Verdammnis wiederum ist Hepatitis für die Seele und wachsende Minderwertigkeit eine Trumpfkarte für den Teufel. Statt zu sagen:»Warum trifft es gerade mich«, sollten wir nach einer gründlichen Analyse der Dinge sagen:»Wir wissen aber, daß denen, die Gott lieben, alle Dinge zum Besten dienen« (Röm. 8,28 Luther). Der Herr hat zuweilen ein ganz persönliches Interesse an Fehlschlägen und Versagen seines Bodenpersonals. Jakobus sagt sogar, daß wir uns über mancherlei Prüfungen freuen sollen (vgl. Jak 12,4). Die scheinbaren Fehlschläge und Mißerfolge im Leben eines Josephs waren seine Charakterschule, die Leiter für seinen späteren Erfolg. Und nur in der Wüste kam das wahre Wesen des Volkes Israel zum Vorschein.

Sechs Ratschläge, wie man mit Mißerfolg und Versagen umgeht, bevor man mit ihnen untergeht

1. Nimm Dich und Deine Situation an

Von großer Bedeutung ist es, daß Du Deine Stärken und Schwächen deutlich erkennst und akzeptierst. Mach Dir bei Deinen Schwächen nichts vor und vertusche sie nicht mit Deinem Stolz. Sag Dir lieber:»Ich akzeptiere es, ihr habt recht, ich werde an mir und der Situation arbeiten.« Die Kritik, die wir von ehrlichen, wohlwollenden Menschen erhalten, ist wie eine Photographie unserer Selbst und von daher für unsere Weiterentwicklung besonders wichtig. Der kurze Auszug eines bekannten Gebetes hat schon vielen geholfen:»*Herr, gib mir Mut, Dinge zu ändern, die ich ändern kann, die Gelassenheit, Dinge hinzunehmen, die ich nicht ändern kann und die Weisheit, das eine vom andern zu unterscheiden.*«

2. Schütze Deinen Geist vor Entmutigung und Hoffnungslosigkeit

Schütze Dich vor weiteren entmutigenden Gedanken und löse Dich vom Hang zum negativen Denken. Denke daran, daß das Leben weitergeht und die Sonne morgen wieder für Dich scheint. Die Bibel lehrt, daß Zuversicht eine große Belohnung hat. Aus diesem Grund muß sich jeder Mensch immer wieder entscheiden, ob er auf Schmerz oder Hoffnung bauen will. Hoffnung ihrerseits sieht in Problemen immer wieder eine unerwartete, aber willkommene Herausforderung. Hoffnung schenkt Dir

Enerergie, wogegen Hoffnungslosigkeit Dir alle Energien raubt. Zähle deshalb nicht die Wunden, sondern die Siege.

Eine weitere Möglichkeit, mit der wir unseren Geist vor Entmutigung und Hoffnungslosigkeit schützen können, ist die, daß wir Hindernisse und Mißerfolge mit Humor tragen. Wir alle kennen das Sprichwort: *»Wer singen und lachen kann, der erschreckt sein Unglück.«* Karl Pelzer drückt es meiner Meinung nach noch besser aus, indem er sagt: *»Wenn das Schicksal hart zufaßt, sollte der Humor es sanft abschütteln.«* Die Bibel lehrt uns, daß unser Glaube sowie unsere Hoffnung in einen guten Gott fundamentale Hilfen für Krisenzeiten sind, und Paulus macht uns darauf aufmerksam, daß Gott eine zuversichtliche Haltung reichlich belohnt. Ein Mensch, der sein Denken erneuert, wird humorvoll und zuversichtlich sagen: »Ich kann's gar nicht abwarten, bis Gott etwas Gutes daraus macht.« Aus einer positiven Grundhaltung der Hoffnung und des Glaubens erwächst eine gottgewirkte, positive Lebensenergie, die wir für unsere Krisenzeit so dringend brauchen.

Ein erfolgreicher Geschäftsmann, der inzwischen hochverschuldet ist, weil seine Firma durch größte wirtschaftliche Krisen ging, erzählte mir, daß er einige Male sehr stark mit Selbstmordgedanken zu kämpfen hatte. Jedesmal bekämpften er und seine Frau diese Gedanken mit dem 23. Psalm. »Zwei Jahre haben wir uns fast nur von diesem Psalm ernährt, und wir sind schließlich durchgekommen. Und weißt du, was ich noch gelernt habe?«, fügte er hinzu. »Man kann mir alles nehmen, aber niemals mehr den Glauben an einen guten Gott, der mich jetzt täglich versorgt.«

Ich bewundere, wie weit dieser Mann in der Erneuerung seines Denkens schon gekommen ist. Erneuertes Denken hilft uns nicht nur auf dem Weg nach oben, auf die Spitze des Berges, wo wir ein Gipfelerlebnis haben, sondern er hilft uns auch, wenn wir wieder ins Tal hinab müssen, um dann nach einer Phase der Neuorientierung den nächsten Berg zu besteigen, der uns zu einem erneuten Gipfelerlebnis verhilft.

3. Schütze Dich vor dem Selbstmitleid

Auf die Frage: »Warum trifft es gerade mich?« möchte ich mit noch einer ehrlichen Gegenfrage der Realität den Weg bahnen. Warum soll Dir Niederlage, Leid und Versagen erspart bleiben? Stell Dir noch eine Frage. »Bin ich denn so einzigartig und außergewöhnlich, daß mir der Kummer erspart bleiben sollte, der schließlich jeden, ob schwarz oder weiß, intelligent oder weniger intelligent, Priester oder Mörder, die Heiligen vor und nach mir trifft?« Selbstmitleid ist mit einer modrigen, fauligen Sumpfgrube zu vergleichen. Je mehr wir in sie treten und hadern, stampfen und strampeln, desto tiefer versinken wir im schlammigen Selbstmitleidssumpf. Wenn Du mit Selbstmitleid zu kämpfen hast, so sei doch ganz einfach mal eine Spur härter zu Dir, indem Du sagst: »Ich hör auf, wie ein kleines Kind herumzulamentieren.« Vielleicht sollte eher Deinem Selbstmitleid eine donnernde Strafpredigt gehalten werden statt dem Selbstwertgefühl. Das Selbstmitleid hört nicht gern, wenn wir ihm sagen, daß harte Erfahrungen, durch die wir hindurch müssen, uns helfen, besser zu werden, demütiger, mitfühlender und liebenswürdiger. Und daß sie uns lehren, das Leben mit neuen Augen anzusehen.

4. Setze ganz auf Gott und nicht auf den Schmerz

Warum verweigern wir uns der Hoffnung, dem erneuerten Denken sowie einer zuversichtlichen Haltung, wenn wir uns im finsteren Tal der Probleme und des Versagens befinden? Die Antwort lautet: Wir verweigern uns diesen Qualitäten, weil wir auch auf diesem Gebiet so etwas wie Gewohnheitstiere sind (die ihren Stöhnclub schon deshalb nicht verlassen, weil's ja schon immer so war...). Menschen dagegen, die ihren Sinn erneuern, sind nicht so stur, denn sie denken um. Sie hören auf, sich zu beklagen und schauen stattdessen nach Möglichkeiten, wie sie es anders und so besser machen können, daß sie rascher zu guten Resultaten kommen.

Sicherlich geht es Dir wie mir und vermutlich dem Rest der Menschheit, daß wir gerade in Krisenzeiten dazu neigen, auf unsere Schmerzen zu bauen. Daraus resultiert, daß man im finsteren Tal – von bitterer und düsterer Stimmung erfaßt – Grundsatzentscheidungen fällt, die man später bitter bereut. In solchen Stunden fällt es uns schwer, den Denkrahmen über die eigene Schmerzgrenze hinaus zu erweitern. Unsere schmerzerfüllte Vorstellungswelt sucht nur noch nach Gründen, warum etwas in dieser oder jener Situation nicht möglich ist. Bei nüchternem Verstand wüßten wir, daß die Aussage »Es ist unmöglich« das Unmögliche niemals möglich macht.

Seit einigen Jahren habe ich infolge der Probleme, die man als Mitinitiator von zwei dynamischen, wachsenden Gemeinden zu lösen hat, einiges dazugelernt. Für mich ist Gottvertrauen im finsteren Tal der einzige vernünftige Lösungsansatz für wirkliche Probleme und zudem noch eine Erfolgsgarantie obendrein. Ich kann mir den Luxus nicht mehr leisten, daß meine Probleme mich von Gott wegbringen. Große Probleme und Hindernisse bringen mich zu ihm. Indem ich mich bei Gott ausheule (was von Zeit zu Zeit geschieht) und mir im Gebet den Kummer von der Seele rede, fühle ich mich erleichtert und der Leidensdruck weicht fast völlig einem tiefen inneren Frieden. In diesem Gebetsprozeß ziehen die düsteren Wolken vom Gemütshimmel, und meine Stimmung ist durch Gebet und die Erfahrung der Nähe Gottes wesentlich aufgeräumter. Meist entsteht nun eine längere, schöpferische Stille, in der ich auf Gottes Weisung warte. Oft konnte ich hier schon den ersten Schritt aus der Not schemenhaft erkennen. An diesem Punkt wird unsere Vorstellungswelt zu einem »Empfangsgerät« für gute, hoffnungsvolle Gedankengänge, und ein uneingeschränkter Glaube gepaart mit einer neuen Klarheit über das Ziel setzt sich durch. Immer wieder erlebte ich, daß erst dann »göttliche Unterstützung« einsetzte, wenn ich mit Zuversicht und Glauben ans Werk gegangen war.

Ich kenne niemanden, der im Leben große Hindernisse oder Niederlagen konstruktiv überwand, ohne sich Zeit für Ruhe genommen zu haben. In stillen Augenblicken vor Gott erschließen sich oftmals Quellen, von denen wir niemals zu träumen gewagt hätten. Nimm Dir immer die Zeit, um auf Gott zu hören und laß ihn in Krisenzeiten Deine Glaubensbatterien neu aufladen.

- Triff nie eine Grundsatzentscheidung im finsteren Tal!
- Bring deinen Schmerz vor Gott!
- Bau auf Gott und nicht auf Schmerzen, lies Psalm 23!
- Es gibt eine Lösung für jedes Problem.

5. Immer wieder Neues wagen

»Da ich immer wieder versagt habe, werde ich diesmal ganz bestimmt scheitern!« Diese Aussage, die häufig vor Prüfungssituationen oder sich neu anbahnenden Beziehungschancen formuliert wird, hat die starke Tendenz, eine sich selbst erfüllende Prophezeihung zu werden. Bedenken wir: Eine falsche Aussage wird doch nicht dadurch wahr, nur weil wir sie häufig wiederholen.

Henry Ford erlebte beispielsweise fünf Bankrotte, bevor er zu seinem ersten Durchbruch gelangte. Harold Conolly wurde Olympiasieger im Hammerwerfen, obwohl ein Arm sieben Zentimeter kürzer als der andere ist. In der Geschichte der Menschheit wimmelt es nur so von Leuten,

- die weniger Talente besaßen als andere
- die Nachteile einzustecken hatten
- die eine Vielzahl von Hindernissen und Rückschlägen zu überwinden hatten und trotzdem oder besser: gerade deshalb erfolgreiche und berühmte Menschen wurden.

Was all diese Menschen miteinander verbindet, ist der Satz »Ich werde es noch einmal versuchen«. Statt Negativerwartungen zu formulieren, sollten wir lieber sagen: »Auch wenn es schwer werden mag, ich habe mich nach bestem Wissen und Gewissen vorbereitet. Mit Gott werde ich es schaffen.« Ein Reiz des Lebens besteht sicher darin, mit den eigenen Schwächen zu leben. Statt zu sagen: »Schlimmer konnte es wirklich nicht kommen«, sollten wir sagen »Es könnte schlimmer sein« und es dann von neuem wagen.

Als meine Familie und ich von einem Tag auf den anderen anfingen, im Gottvertrauen aus dem Glauben zu leben (wir hatten nur eine Zusage von hundert DM Spende für drei Personen), fragte mich ein Freund: »Was machst du, wenn euer Glaubensunternehmen zu einer Bruchlandung wird?« Ich antwortete ihm: »Dann mache ich eine Pizzeria auf.« Mein Freund verstand sofort, daß wir bereit waren, etwas für Gott zu wagen, um schlimmstenfalls wieder ganz von vorne anzufangen. Ich bin der Meinung, daß wir den Spruch »Aller Anfang ist schwer« viel öfters durch »Frisch gewagt ist halb gewonnen« ersetzen sollten. Ein Satz begleitet mich nun schon etliche Jahre meines Dienstes. Er lautet: »Lieber etwas Großes wagen und Mißerfolg haben, als nichts zu wagen und in stupider festgefahrener Langeweile zu versinken.«

6. Versuche, Mißerfolge als etwas Positives zu sehen!

Wir sollten uns folgende Gedanken nicht nur einverleiben, sondern getrost auch auf uns selbst beziehen und anwenden:

* Mißerfolg und Fehlschläge zeigen mir, daß ich auch nur ein Mensch bin, der nochmal eine Chance bekommen sollte.

* Versagen bedeutet, daß ich bisher noch keinen Durchbruch erzielt habe.

* Mißerfolg und Rückschläge sind keine Niederlagen, sondern nur Umwege, auf denen ich etwas lerne.

* Mißerfolg und Versagen sind Schwachstellen, die zu Stärken werden.

* Mißerfolge sind unsere Lehrer, denn der entstandene Schmerz macht uns weiser und demütig.

* Mißerfolg und Fehlschläge bedeuten, daß ich etwas dazugelernt habe und meine Aufgaben mit Gottes Hilfe anders lösen werde.

* Mißerfolg und Fehlschläge helfen mir, die Grundsätze und Prinzipien zu entdecken, die zum Sieg aus der Niederlage führen.

* Mißerfolg und Versagen ist keine Schande, wohl aber die Angst vor Mißerfolg und Versagen.

* In jedem Mißerfolg stecken Chancen, denn jedes Problem hat einen Sinn und Nutzen für mich (Röm 8,28).

* Mißerfolg und persönliche Fehlschläge sowie Versagen machen mich genausowenig zu einem Versager, wie eine Garage mich zum Auto macht.

Jemand sagte einmal:»*Wenn man unmittelbar am Abgrund steht, ist ein Schritt zurück ein Fortschritt*«. Eine stolz getragene Niederlage ist doch auch ein Sieg, oder?

Eine der wichtigsten geistlichen Turnübungen ist die, daß wir uns auch mal auf den Arm nehmen. Sind wir durch Fehlschläge trotzdem in arge Bedrängnis geraten, so gilt für uns Psalm 50, Vers 15 : »Rufe mich an in der Not, so will ich dich erretten und du sollst mich preisen.«

Natürlich sollte hier zum Abschluß noch zwischen Versagen und endgültigem Versagen unterschieden werden. Nach dem Versagen sollte man aufstehen und unbedingt wieder weitermachen. Endgültiges Versagen ist die absichtlich getroffene Wahl, auf dem Boden des Versagens, der Minderwertigkeit und fehlender Gnade liegen zu bleiben. Eine Raupe erstarrt eines Tages und ihr Leben scheint ein einziger Mißerfolg zu sein, eingefroren in einen unansehnlichen Kokonsarg Doch nach einigen Wochen schlüpft aus dem brüchigen Kokon einer Raupe schließlich ein herrlicher, bunter Schmetterling, der sich voller Freude in die Luft erhebt.

Mit großer Wahrscheinlichkeit sieht unser Schmetterling seinen Kokonsarg jetzt von einer völlig neuen Perspektive aus, die seinen bisherigen Lebenshorizont weit übersteigt. Nachdem wir nach einer Niederlage oder Versagen aufgestanden sind und einen neuen Anlauf genommen haben, wird sich unser Horizont tatsächlich verändern. Kann der unendliche, allmächtige, kosmische Architekt das, was er für eine borstige Raupe arrangiert hat, nicht auch für Dich tun?

Wichtige Gedanken, die ich mir einprägen will:

1. _____

2. _____

3. _____

Wichtige Änderungen für meine jetzige Lebenssituation:

1. _____

2. _____

3. _____

Kapitel 4

Wie man durch erneuertes Denken Ängste in den Griff bekommt und überwindet

Abgesehen von der leblosen Materie, die keinerlei Empfindungen hat, scheint jedes Lebewesen auf unserem Planeten von Zeit zu Zeit Angst zu haben. Diese Angst ist lebensnotwendig, weil sie uns bewahrt und oft das Überleben sichert. Es gibt aber auch eine andere Angst, die den Menschen seines Lebens beraubt, weil sie in allen ihren Auswirkungen destruktiv ist. Um diese Angst soll es im folgenden Kapitel gehen.

Wir leben im Zeitalter hochentwickelter Furcht, denn die Angst ist durch die Medien fast allgegenwärtig geworden. Ohne die Berge von Beruhigungspillen, Spritzen und Säften, die täglich Millionen von Menschen beruhigen, würde unsere Welt wegen all der Menschen, die durch ihre Angst verrückt werden, aus den Fugen geraten.

Schon unsere Kinder werden mit diesem Angstvirus infiziert, der tief in ihr Unterbewußtsein eindringt, wo er verborgen auf »seine Stunde« wartet. Angst schwächt unser Immunsystem und ist Ursache vieler seelischer und körperlicher Leiden.

Es schadet nicht, sich zu vergegenwärtigen, daß Angst

- Glauben und Selbstbewußtsein untergräbt,
- Schwarzseherei und Pessimismus fördert,
- Gleichgültigkeit und Unentschlossenheit verstärkt,

- Lebensfreude und Begeisterung stiehlt,
- jegliche Initiative und Unternehmungslust bremst,
- logisches Denken blockiert,
- das Gedächtnis bewölkt und aktives Handeln lähmt.

Solche Ängste sind niemals von Gott. Ich bin mir sicher, daß viele, die dieses Buch lesen, von unterschiedlichsten Ängsten gequält werden. Irreale Gedanken der Angst versteinern zu einer Gedankenfestung, die Gewalt über uns erhält. Unsere Ängste haben unendlich viele Erscheinungsformen. Sie tragen Namen wie Menschenfurcht, Lebensangst, Todesangst, Angst vor Armut, Angst vor dem Heiligen Geist, Angst davor, eine Bewerbung zu schreiben oder Angst vor Krebs, etc.

Wie ich meine Angst überwand

Vor achteinhalb Jahren entdeckte ich morgens beim Zähneputzen mehrere dicke Knoten an meinem Hals. Als ehemaliger Krankenpfleger wußte ich, was das bedeuten konnte. Am Tag verdrängte ich meine Sorgengedanken, doch nachts, wenn ich schweißgebadet meine Knoten betastete und immer neue entdeckte, waren meine Sorgen aus dem Unterbewußtsein voll ins Bewußtsein getreten. Tagsüber spazierte ich auf leisen Sohlen durch eine Herde schlafender Hunde, wogegen ich nachts, in Angstschweiß gebadet, mich stundenlang mit Wölfen herumschlug. Da dieser Prozeß Monate andauerte, raubte er mir jegliche Lebensfreude. Gedanken wie »Schau mal, so schwindelig war es dir noch nie«, »Andreas, du wirst sterben, gib auf«, »wer wird deine liebe Frau und deine süße eineinhalbjährige Tochter versorgen, wenn man dich in den schwarzen Kasten eingesargt hat?« belästigten mich ständig. In solchen düsteren Stunden der Furcht würde man sich nicht wundern, wenn man von einem Leichenwagen überfahren würde. In meiner Verzweiflung fing ich sogar an, Zigaretten zu rauchen, denn meine Gedanken sagten mir, ich hätte diese Knoten auch schon in der Lunge, es sei jetzt sowieso alles egal. Wieder andere Gedanken sagten mir, ich hätte durch meinen Unglauben und mein Verhalten Gott zu diesem Handeln herausgefordert. Durch meine negativ gepolte Vorstellungskraft litt ich fürchterliche Qualen. Obwohl ich mir sicher war, von Gott ein Wort über meinen heutigen Dienst erhalten zu haben, das war kurz bevor ich die Knoten entdeckte –, versank ich in verzweifelte Resignation. Durch eine Operation, der ich eine hübsche Narbe verdanke, wurden die Knoten schließlich entfernt.

Ein wenig unsensibel – wie mir vorkam – meinte mein weißgewandeter Operateur nach der Operation am Krankenbett:»Herr Herrmann, diese Krankheit führt im dritten Stadium zum Tode. Da Sie das Zeug auch in der Lunge haben, müssen wir Sie noch ein bißchen hierbehalten.« Mit einem Hauch professioneller Nächstenliebe fügte er hinzu:»Machen Sie sich jetzt mal keine Sorgen, aber wir müssen Sie für weitere Untersuchungen für ein paar Wochen auf eine andere Station verlegen.«

Als ich wieder allein im Bett lag, war jeder Traum, jede Verheißung Gottes, jede Hoffnung wie eine Seifenblase zerplatzt. In meiner Einsamkeit fühlte ich mich von Gott und der Welt restlos verlassen und eine Depression fing an, sich in meiner Seele breit zu machen.

Der Sieg wird erst gedanklich geschaffen.

Als ich in meinem Bett lag, erinnerte ich mich an die Fragmente einer guten Predigt, die ich auf einer Kassette vor Jahren gehört hatte. Der Prediger hatte gesagt:»Du bist niemals allein, denn da sind wenigstens drei Personen, die dich lieben, da ist der Vater, der Sohn und der Heilige Geist.« Ich sagte:»Jesus, du bist gekommen, die Werke des Teufels zu zerstören. Ein Werk des Teufels ist die Krankheit. Heiliger Geist, du bist der Tröster, alles, was ich jetzt brauche, ist dein Trost. Vater im Himmel, ich vertraue dir, du hast alles unter Kontrolle.« Kaum hatte ich diese Sätze gesprochen, spürte ich einen starken, warmen prickelnden Kraftstrom durch meinen Körper ziehen. An meinem Bettende – und davon bin ich fest überzeugt – stand die Herrlichkeit Gottes. Überwältigt von dieser Gegenwartserfahrung sagte ich vor Freude weinend:»Gott, du bist mir gut zum Leben und gut zum Sterben. Lebe ich oder sterbe ich, nichts kann mich mehr aus deiner Hand reißen.« Tief in meinem Herzen wußte ich, daß der lebendige Schöpfergott mich angerührt hatte.

Heute, nach achteinhalb Jahren, stehe ich in dem Dienst, von dem der Herr zu mir gesprochen hatte. Ich bin der Vater von zwei wunderbaren Töchtern, konnte mithelfen, zwei lebendige Gemeinden zu gründen und darf jetzt an meinem zweiten Buch schreiben, das Menschen Mut machen soll. Nach meiner damaligen Gotteserfahrung hatten die Ärzte festgestellt, daß meine Krankheit zum Stillstand gekommen war.

Es waren drei Gedankensaatkörner, die ein Prediger namens Volkhard Spitzer in mein Leben gestreut hatte. Ich weiß, daß diese innerlich zueigen gemachten Worte Teil meines erneuerten Denkens waren, das in meiner damaligen Notsituation zu einer solchen Wende geführt hatte.

Lieber Leser, laß Dich durch mein Erlebnis ermutigen. Wenn simple Gedanken eine so große Segenswirkung bei mir auslösten, wieviel mehr können nun die vielen angstreduzierenden sowie angstauflösenden Gedanken, die Du in diesem Kapitel noch kennen lernst, bei Dir bewirken! Durch einen Prozeß erneuerten Denkens kannst Du sie so verinnerlichen, daß Du für Krisenzeiten gewappnet bist. Erlebe dann, wie der Heilige Geist einfach Gedanken mit großer Wirkung in der aktuellen Krisensituation akiviert, um Dich gestärkt ans Ziel zu bringen. Das einzige, was wir dann noch zu tun haben, ist, eine Entscheidung zu treffen, auch der im Innersten angenommenen biblischen Wahrheit entsprechend zu leben.

Wie die kleine Racy mußte ich mich entscheiden, auf wen ich hören wollte. Den Prophezeiungen meines Operateurs oder den Zusagen eines guten Gottes. Mir wurde deutlich, daß Angst und Glauben in entgegengesetzte Richtungen weisen. Am Ende der Straße der Angst steht ein Schwarzseher mit finsterer Mine, wogegen am Ende jeden Glaubensweges ein fröhlicher und zufriedener Mensch steht, der mit Gottes Geist erfüllt ist. Angst ist im Normalfall nichts anderes als ein geistiger Zustand, der unserem Denken entspringt. Und da wir Menschen die Fähigkeit und Macht haben, mit Gott über unsere Gedanken zu herrschen, besteht große Hoffnung, daß Angst wirklich überwunden werden kann.

Wie eine Armee ihre Angst in einen Sieg verwandelte

Folgende wahre Begebenheit soll uns ein durchbruchschaffendes Verständnis dafür geben, wie entscheidende Veränderungen in unserem Leben durch einen erneuerten Sinn zunehmen können.

Während des Zweiten Weltkriegs gab es ein britisches Regiment, das unter dem Befehl von Oberst Whitlesey mehr als fünf Jahre im Kampf stand. Das Außergewöhnliche und Wundersame an diesem Regiment war, daß es all die Jahre keinen einzigen Soldaten im Kampf verloren hatte. Was war eigentlich das Besondere an diesem seltsamen Regiment? Was machten sie anders als andere? Es war ihr Einstieg in den Tag: Jeden Morgen lasen sie als geschlossene Mannschaft den 91. Psalm und beteten

Ich empfehle Dir, den 91. Psalm zu lesen, um zu verstehen, warum dieser Psalm für eine kampferprobte Armee so wichtig war. Durch Aneignung, Verinnerlichung und Bejahung des Wortes Gottes verdichtete sich der Glauben einer Armee, denn wie wir wissen, kommt der Glaube durch das Wort Gottes. Jesus selbst sagt uns, daß das Wort Gottes Samen ist (vgl. Lk 8,11) der, sofern er auf fruchtbarem Herzensboden landet, unendlich viel Frucht bringt. Gott selber achtet und wacht über seinem Wort.

Viele Menschen wollen wie ein irrer Bauer dort ernten, wo sie nie etwas gesät haben. Solche Menschen sagen:

»Ich glaube ja an Gott.«
»Gottes Schutz ist da, aber mein Problem ist größer.«
»Gottes Friede übersteigt alles, aber meine Angst ist noch größer.«
»Gott liebt mich, aber so ganz traue ich ihm nicht.«

Ihr ganzes Leben proklamieren, zelebrieren und predigen sie Hoffnungslosigkeit.

Doch zurück zu unserem betenden Regiment. Unglaube und negative Denkgewohnheiten können wir genauso abtrainieren wie einen etwas zu wohl proportionierten Bauch. Glauben und erneuertes Denken lernt man genausowenig an einem Tag wie z.B. das Gitarrenspiel. Ein schöner Moment in meinem Leben war der, daß ich eines Tages nach intensivem Üben nicht mehr an Noten und Akkorde denken mußte, als ich Gitarre spielte. Meine persönliche Meinung ist, daß der Glaube von Woche zu Woche im Regiment zunahm und zwar durch einen kollektiv erneuerten Sinn.

Ängste blockieren unser Selbstwertgefühl

In Dir kann und soll sich die Vielfalt dessen, was Gott in Dich gelegt hat, entfalten. Leider ist Angst ein Gefängnis für die Seele, das diese Entfaltung ankettet. Der Grund: Angstgedanken lähmen und ziehen Minderwertigkeitsgedanken an wie der Blitzableiter den Blitz. Mit Angst und Minderwertigkeit im Herzen gleichen wir einem Profirennfahrer, der Angst vor den Kurven hat und deshalb nur im 1. Gang mit angezogener Handbremse fährt. Auf diese Weise wird er nicht allzuviele Rennen gewinnen. Ebenso nehmen angsterfüllte Menschen nie an einem Rennen teil, ganz zu schweigen von der Möglichkeit, daß sie eines gewinnen könnten ...

Leider macht uns schon Verantwortung Angst. Das Fach Angstüberwindung gehört deshalb zum Gesamtschulprogramm unseres Planeten, das wir alle durchlaufen sollten. Wer viel schwänzt, wird vom Leben abgehängt und muß doch Versäumtes später nachholen. Wer vor der Angst flieht, wird niemals siegreich glauben und ein gesundes Selbstbewußtsein entfalten.

Eine Frau rief mich mitten in der Nacht an, weil sie Furcht davor hatte, daß ihr Schlafmangel einen epileptischen Anfall auslösen könnte. Ein anderes Mal wurde ich ebenfalls nachts von jemandem angerufen, der unter Verfolgungsängsten litt und seinen Mitmenschen nur Negatives unterstellte. Angst kriecht häufig nachts als Konzentration bedrängender Schatten aus den Windungen des Unterbewußtseins und führt die Gequälten tags zum Therapeuten.

Eine gute Nachricht

Weit über fünfundneunzig Prozent unserer Sorgen sind unbegründet, weil sie nicht eintreffen. Bei diesem Gedanken sollte uns doch ein Stein vom Herzen fallen, der so groß ist, daß wir ein Siegerdenkmal daraus meißeln könnten. Dreihundertfünfundsechzigmal sagt uns die Bibel, daß wir uns nicht fürchten sollen. Sollte das ein Zufall sein? Bringt es wirklich etwas, wenn wir die Angst als Partner und Lebensgefährten akzeptieren? Wollen wir uns wirklich von ihr zum Narren machen lassen?

Angst kommt weder von Gott, noch ist sie uns angeboren. Da sie durch die Erziehung in einer gefallenen Schöpfung in uns dringt, können wir uns leichter von ihr befreien, als wir manchmal denken.

Zehn Wege aus dem Irrgarten der Angst

Durch folgende zehn Schritte, mit denen wir unseren Sinn erneuern, können wir lernen, durch erneuertes Denken nicht länger Opfer und Beute unserer Ängste zu sein.

Schritt 1: Nimm Deine Angst an!

Wer permanent Situationen meidet, die ihm Angst machen, erlebt nicht nur eine Beschränkung des Lebensspielraumes, sondern auch, daß die Ängste zu wahren bedrohlichen Monstern heranreifen, die sich fest in sein Hirn verbeißen.

Zusätzlich höhlen Vermeidungsstrategien das Selbstwertgefühl so gewaltig aus, daß wir langfristig an den Ängsten zu ersticken drohen. Jesus hat niemals gesagt:»Verdränge deine Angst« oder»wer an mich glaubt, wird keine Angst haben.« Vielmehr sagt er:»In der Welt habt ihr Angst, aber ich habe die Welt überwunden.« Von ihm heißt es weiterhin: »In seiner Todesangst betete Jesus noch angespannter, und sein Schweiß tropfte wie Blut zu Boden« (Lk 22,44). Jesus selber kennt die Angst und versteht unsere Ängste bestens. Spätestens hierbei wird uns deutlich, daß mit dem Christsein die Angst nicht verschwindet, sondern daß sie immer wieder in unserem Leben auftauchen kann. Durch die Bibel wissen wir aber, wie wir durch unser Vertrauen zu Gott Geborgenheit erfahren und im Glauben an sein Wort die Angst überwinden können. Nehmen wir also unsere Angst an.

Schritt 2: Sage Dir: Jede Angst ist eine zu bestehende Prüfung.

Für manche ist die Erinnerung an die Schul- und Studienzeit ein einziger Alptraum. Er riecht förmlich den Angstschweiß, der bei all den vielen Prüfungen und Examen geflossen ist. Gibt es überhaupt Prüfungen, die ohne Überwindung der Angst über die Bühne gingen? Unsere Ängste, Probleme und Leiden sind in gleicher Weise Prüfungen, bei denen Gottvertrauen, Glaube, Hoffnung und unser Selbstvertrauen geprüft werden.

Eine Angstsituation, der wir uns normalerweise nicht auszusetzen brauchen, ist das Fallschirmspringen, jedoch läßt sich das Prinzip der

Angstüberwindung, das jeder Springer kennt, auf alle Lebenssituationen übertragen. Vor kurzem erhielt meine Frau ihre Fallschirmlizenz, was für mich ein großartiger Beweis für ihre Fähigkeit ist, gegen Ängste anzukämpfen und sie zu überwinden. Ich fand an Sprungplätzen heraus, daß es keinen einzigen Fallschirmspringer gibt, der nicht gegen seine Angst ankämpft, wenn er aus dreitausend Meter Höhe im freien Fall aus der Maschine springt. Einige Springer sagten mir, daß ihr Hobby ihnen dabei geholfen habe, ihr Selbstwertgefühl enorm zu stärken. Jeder Springer bezeugte, daß man die Angst nur dadurch überwindet, indem man aktiv gegen sie »anspringt« und feststellt, daß man richtig ziehen kann und der Fallschirm sich spätestens in dreihundert Meter über Grund öffnet. Erst die persönliche Erfahrung, daß wir unsere Ängste überwinden können, baut unser Selbstvertrauen auf.

Glauben und Vertrauen in Gott sind bildlich gesprochen unser Fallschirm mit seinen topmodernen Sicherheitsvorkehrungen. Um angstüberwindende Erfahrungen zu machen, die uns in neue Erfahrungshorizonte und Lebensdimensionen führen, müssen wir aktiv gegen unsere Angst »anspringen«. Das gewaltige Erlebnis, durch die Luft zu schweben, sich überwunden zu haben und zu wissen, daß man gehalten ist, belohnt reichlich für jede Mühe und Anstrengung.

Wer vor einer Probe aus Angst kapituliert, braucht anschließend viel Zeit, die Trümmer des Selbstbewußtseins einzusammeln und mit Unmengen seelischen Leims inklusive einiger Kunstgriffe wieder zusammenzukitten. Häufig stellt man dabei noch fest, daß die Wolken der Mutlosigkeit nicht vom Gemütshimmel abziehen wollen. Solange wir emotionalisierte Angstgedanken in unser Unterbewußtsein schmuggeln, hat der Glaube keine Chance und zieht den kürzeren. Es bleibt dabei, daß unsere Ängste Lebensprüfungen sind, die zu einem wunderbaren Gipfelerlebnis führen, wenn wir nicht vor ihnen fliehen. Spring aktiv gegen Deine Ängste an.

Schritt 3: Vermeide Alkohol und Tranquillizer!

Vermeide in jedem Fall, Dir Mut anzutrinken oder zu Tranquillizern (stärkeren Beruhigungsmitteln) zu greifen, es sei denn, der Arzt hätte sie Dir ausdrücklich verordnet. Alle diese Mittel können die Angst ohnehin nur vernebelnd dämpfen, von den gesundheitlichen Schäden, Risiken und Abhängigkeiten mal ganz abgesehen.

Keiner von uns geht mit einer akuten Blinddarmentzündung zum Metzger oder möchte in einem Flugzeug sitzen, in dem die Stewardeß im Cockpit das Steuer übernimmt. Genausowenig sollten wir uns unbedacht zu Opfern von Tranquillizern oder Alkohol machen. Zum Glück ist unser Gott, an den wir uns getrost wenden sollten, weder Metzger noch Kamikazeflieger. Er möchte, daß wir durch Glauben und Vertrauen auf ihn aus eingefahrenen, fehlgeleiteten Gedankengleisen verzagten Angstdenkens entfliehen und ihm vertrauen, anstatt im Alkohol Trost zu suchen.

Schritt 4: Verlier die Angst vor der Angst!

Eine logotherapeutische Angstbewältigungsstrategie, die auf Victor E. Frankl zurückgeht, ist die paradoxe Intention (der umgekehrte Wunsch). Stell Dir für einen kurzen Moment die angsterzeugende Situation vor und gehe sie humorvoll gelassen an.

Sag Dir, wenn Du z.B. in der Straßenbahn oder am Arbeitsplatz oft rot wirst, folgendes:»Meinen Kollegen werde ich zeigen, wie ein Weltmeister im Rotwerden aussieht und ich werde rot wie eine saftige Tomate.« Ein anderer Therapeut empfiehlt sogar, daß wir unserem Chef etwas vorschwitzen mit dem Vorsatz, eine Wasserlache zu produzieren, damit er auf ihr davonschwimmt. Natürlich ist dieser Ansatz widersprüchlich, aber man nimmt der Angst mit Humor den Wind aus den Segeln und verliert so allmählich die Angst vor der Angst.

Gibt es eine Angstsituation in Deinem Leben, auf die Du die erwähnte Strategie anwenden könntest? Wenn ja, welche?
Notiere jetzt Deine Strategie auf einem Zettel.

Schritt 5: Wirf alle Sorgen auf ihn!

Solange wir unsere ganze Lebenshoffnung auf ein paar Menschen und Gedanken gründen und nicht auf Gott, gleichen wir einem Elektromotor, der nur an ein kleines Notstromaggregat angeschlossen ist, das zudem jederzeit ausfallen kann. Setzen wir unsere Hoffnung auf Gott, so hängen wir an der zentralen Stromversorgung. Nicht die Angst macht aus uns neue Menschen, sondern der Glaube an einen wunderbaren himmlischen

Vater. Seine Liebe wiederum treibt dann alle Furcht aus (vgl. 1 Joh 4,18).

Wenn Gott Dein Vater ist, so überlasse ihm Deine Sorgen, Ängste und Nöte, denn hierfür hat er das Monopol. Solange wir ihm nicht vertrauen, tragen wir die ganzen Sorgen allein. Vertraue dem, der Milliarden Planeten schuf, der Deinen Haarbestand genau kennt und der Dir gern im »Angesicht Deiner Feinde den Tisch deckt«. Gottvertrauen ist immer angstauflösend. Wenn Du Dich nachts entkleidest, um ins Bett zu gehen, so versinnbildliche Dir, daß Du mit jedem abgelegten Kleidungsstück eine Sorge zu Jesu Füßen ablegst.

In dem Moment, wo wir negative Furchtgedanken vor Gott aktiv loslassen, haben sie keine Macht mehr über uns. Halte Dich an Deinem Glauben und an Deinem Mut fest.

Schritt 6: Bedenke, was die Angst Dir schon alles geraubt hat und zähle es auf!

Meist kam in meiner Seelsorge eine Liste wie diese zustande:

1) Angst raubt mir den Schlaf.

2) Ich habe mich nicht getraut, auf Menschen zuzugehen und deswegen habe ich auch meine Schüchternheit und noch immer keinen Partner.

3) Der Angst verdanke ich meine unkontrollierten Schweißausbrüche und das Rotwerden in der Bahn.

4) Aus Angst habe ich meine wichtigsten Gedanken und Beiträge nicht eingebracht.

5) Angst blockiert schon seit Jahren mein Glaubenswachstum.

6) Angst hat mich unsicher und unentschlossen gemacht.

Und so weiter. Schreibe jetzt Deine eigene Liste, denn Du solltest Deine Gedankenfeinde sehr genau kennen und erkennen können.

Liste meiner Gedankenfeinde:

1. _____

2. _____

3. _____

4. _____

Schritt 7: Erkenne, daß destruktive Angst Dein Feind ist!

Jemand, der seinem Feind teilnahmslos und passiv gegenüber sitzt, hat schon verloren, bevor der Kampf überhaupt begonnen hat. Den Feind zu erkennen, ist schon der halbe Sieg.

Schritt 8: Beschließe, konsequent aktiv mit einem Gebet gegen Deine Angst und weitere »Beraubungszustände« vorzugehen!

Die meisten Menschen fangen an zu beten: »Herr, hilf mir, daß ich die Angst überwinde, nimm mir meine Angst weg.« Da gefühllos heruntergeleierte Gedanken und Gebete keinen Einfluß auf unseren Glauben haben, fordere ich die betreffende Person auf, mit mir aufzustehen und kämpferisch zu beten. Ein Gebet des Glaubens muß auch mit Überzeugung und Emotion gedacht und gesprochen werden. Ich lenke das Gebet bewußt in die Richtung, damit die betroffene Person versteht und einübt, daß nur eine aktive kämpferische Haltung ans Ziel führt, denn nur emotionalisierte Ziele setzen den Menschen in Bewegung. In der Regel lautet das Gebet so oder ähnlich:

»Herr, ich werfe jetzt alle meine Sorgen auf dich und höre auf, weiter zu grübeln. Jesus, in deiner Autorität gehe ich nun gegen meine Angst an. Angst, nicht mehr du herrschst über mich, sondern ich herrsche in gottgegebener Autorität über dich. Nicht mehr du beraubst mich, sondern ich beraube dich. Ich werde mich nicht mehr von dir zum Narren machen lassen, sondern dich aktiv mit Glauben bekämpfen, wann immer du

auftauchst. Der in mir ist, ist stärker als der, der in der Welt ist. Ich vermag alles durch den, der mich mächtig macht. Jesus, ich danke dir, daß du mir alle Lebenskraft zur Verfügung stellst, die ich für einen Sieg brauche. Amen.«

Wann immer Du empfindest, daß Dein Glaube gegen die Angst gestärkt werden muß, solltest Du dieses oder ein ähnliches Gebet sprechen. Ich möchte es noch einmal betonen, daß es von größter Wichtigkeit ist, daß unser Geist, unsere Seele und unser Körper eine Kampf- und Siegeshaltung einnehmen. Glaubst Du, daß ein Boxchampion im Mittelgewicht jemals den Ring betreten, wenn er an seinen Fähigkeiten zweifeln würde? Niemals. Kein vernünftiger Boxer dieser Welt würde in den Kampf mit einem anderen treten, wenn er nicht zutiefst an seine Chancen glauben würde. Aus diesem Grund trainiert er seinen Geist auf Sieg und informiert sich sorgfältig über die Kampftechnik seines Gegners. Machen wir es wie die Boxer. Wenn unser Glaube an Christus in uns gestärkt ist, so sollten wir die Angstarena des Lebens betreten. Auf diese Weise vermeiden wir nicht nur deprimierende Niederlagen, sondern kommen durch die Kraft eines erneuerten Sinnes zu wirklichen Siegeserfahrungen.

Schritt 9: Handle aktiv gegen die Angst, auch wenn Deine Knie schlottern!

Bedenke: ein kleines Baby im Schwimmkurs sowie ein einjähriges Kind, das lernt, die ersten Schritte zu machen, brauchen genausoviel Mut wie ein Erwachsener für sein Abitur oder seine Führerscheinprüfung. Akzeptiere das Angstgefühl als etwas Normales, das nach aktivem Handeln zunehmend verblasst. Angst wird nur bei denen mächtig, die sie auf ein Podest erheben oder vor ihr fliehen. Wir zahlen alle einen gewissen Preis an Angstüberwindung, um im Leben genügend Beweglichkeit zu erlangen. Bevor Du in eine angsterzeugende Situation gehst, stelle Dir im Geist vor, daß Du in der Kraft Gottes genau das tust, wovor Du Angst hast. Sage Dir:»Der Herr ist mein Hirte, und zum Glück kennt er keine Furcht.« Da Du eins mit ihm bist, färbt diese Wahrheit auf Dich ab.

Schritt 10: Präge Dir einige der 365 Fürchte-Dich-nicht-Bibelverse ein, indem Du sie aufschreibst und auswendig lernst!

Solange wir Angst und Niederlage wichtig nehmen, stellt sich kein Sieg ein. Eine von Minderwertigkeitsgedanken angekränkelte Phantasie produziert Ängstlichkeit und Schwäche. Darüber hinaus heißt es in Sprüche 18, Vers 21: »Wörter haben Macht über Leben und Tod; wer sich hingebungsvoll mit ihnen beschäftigt, kann viel durch sie erreichen.« Mit anderen Worten wird hier gesagt, daß das Bekenntnis dessen, was wir durch erneuertes Denken verinnerlicht in uns tragen und aussprechen, uns beherrscht und unser Schicksal formt. Statt problematische und angsterzeugende Lektüre und Filme sollten wir wohltuende Gedanken sowie die Glaubenskraft des Wortes Gottes an uns zur Wirkung kommen lassen. Bedenke, daß in meinem Fall drei Saatkörner genügten und für eine Armee ein kurzer Psalm. Folgende Gedankensaatkörner könnten zu einer Quelle der Stärke in Deinem Leben werden:

- Du Herr bist mein Hirt; darum kenne ich keine Not (Ps 23,1).
- Ich habe keine Angst! Du, Herr, bist bei mir;du schützt mich und führst mich, das macht mir Mut (Ps 23,4).
- Der Herr ist mein Licht, er befreit mich und hilft mir; darum habe ich keine Angst. Bei ihm bin ich sicher wie in einer Burg; darum zittere ich vor niemand (Ps 27,1).
- Gott ist auf unserer Seite, wer kann uns dann noch etwas anhaben? (Röm 8,31).
- Der Geist, der in euch wirkt, ist mächtiger als der Geist, der diese Welt regiert (1 Joh 4,4).
- Die Liebe kennt keine Angst. Wahre Liebe vertreibt die Angst (1 Joh 4,18).

Wenn diese Worte konsequent tief in das Feld unserer Gedanken eingesät wurden, wird unser Denken allmählich erneuert. Als Folge erleben wir nun, daß während des nächtlichen Schlafs wohltuende Gedanken der Liebe, des Angenommenseins und der Geborgenheit aus unserem Unterbewußtsein aufsteigen. Die Ernte einer solchen guten Nacht wird zum Startkapital des Glaubens für den neuen Tag. Merke: Fünfundneunzig Prozent unserer Sorgen sind unbegründet.

Meine größten Angstprobleme sind:

1. _____

2. _____

3. _____

Konkrete Schritte zur Lösung meiner Angstprobleme:

1. _____

2. _____

3. _____

Angestrebte Verhaltensänderung durch folgende Ziele:

1. _____

2. _____

3. _____

Wichtige Schriftstellen gegen die Angst:

Kapitel 5

Wie man ein Problemlöser wird

Dieses Kapitel, das ich für eines der wichtigsten in diesem Buch halte, soll Dich ermutigen, die Lebenseinstellung des größten Problemlösers aller Zeiten kennenzulernen. Sein Name ist: Jesus.

Problemkneifer haben es schwerer im Leben

Die meisten Probleme, die wir haben, kreisen um Finanzen, Beziehungen und Gesundheit, wogegen wieder andere mehr moralischer oder geistig-geistlicher Natur sind. In viel selteneren Fällen gibt es das, was man harte Schicksalsschläge nennt. Die meisten Menschen wünschen sich, daß ihre Probleme in Klarsichtfolie vakuumverpackt bis auf den jüngsten Tag zugeschnürt bleiben oder von ihrem Seelsorger beseitigt werden. Andere wieder glauben immer noch an das Märchen, daß mit der Jesusnachfolge alle Probleme verschwinden. Diese Irrtümer produzieren nur Enttäuschung, denn wer problemscheu ist, der kommt in diesem Leben nicht sehr weit.

In der Regel verschlimmern sich sogar unsere Probleme, wenn wir ihnen mit fluchtartigen Manövern ausweichen, denn wer aus Angst vor dem Leben kneift, verliert zunehmend sein Selbstwertgefühl, das er für die Lebensbewältigung braucht. Sätze wie »ich bin zu dumm, zu unbegabt, zu schüchtern« gehören zum Grundvokabular des Ausweichmanövers. Problemkneifer landen in den Minderwertigkeitsgassen und versinken irgendwann im selbstangelegten Sumpf ihres Elends.

Wer hat uns nur beigebracht, unser Leben sei nur dann lebenswert und als gelungen anzusehen, wenn es einer öden Abfolge problemloser Zeiten besteht? Hier müssen wir endgültig umdenken:

Warum es gut ist, ein Problem zu haben

Eine Person, die erneuert denkt, weiß, daß man im Leben ohne Problembewältigung und Belastung kaum vorankommt. Wer belastet wurde, wird belastbar. Diese These läßt sich durch eine hübsche afrikanische Legende bekräftigen. In einer einsamen Oase wuchs einst eine herrliche junge Palme. Ein bösartiger Mann, der die Schönheit der Palme nicht mitansehen konnte, hiefte einen schweren Stein auf die Palmzweige. Obwohl sich unsere Palme schüttelte und schüttelte, ließ der Stein sich nicht mehr aus der Palmkrone entfernen. Nachdem drei Jahre vergangen waren, kam der böse Mann wieder und erkannte schon von weitem, daß der Stein immer noch auf der Palme ruhte. Trotzdem war er erstaunt, denn gerade diese Palme war zur schönsten, größten und stattlichsten Palme der Oase herangereift. Warum? Durch ihre Last war die Palme gezwungen, ihr Wurzelwerk tief in den Boden zu graben, so daß die Wurzeln schließlich eine Wasserader erreichten. Aus diesem Grund bekam unsere Palme weit mehr Wasser als alle anderen und konnte so gewaltig wachsen. Ihre stattliche Schönheit und Größe verdankte sie der Last. Die Lehre, die wir aus dieser Geschichte ziehen, lautet: Ohne Probleme und Druck gibt es kein Wachstum, denn Problemballast kann sich in Segen verwandeln. Wer kaum vom Leben belastet wurde, wird auch kaum belastbar sein, wenn es darauf ankommt.

Möchtest Du wissen, was Dich mit 5,5 Milliarden Menschen verbindet? Wünschst Du Dir auch etwas, das ständig Deine Phantasie und Kreativität anregt, etwas, das Dich Gott und geliebten Menschen näher bringt? Etwas, das Dein Selbstwertgefühl stärkt, Dein Gebets- und Glaubensleben herausfordert und fördert? Möchtest Du an Weisheit, Erfahrung und Kompetenz zunehmen? Wenn ja, dann brauchst Du ein Problem.

Zu mir kam ein Mann in die Seelsorge, der sagte: »Ich habe soo viele Probleme.« Er fing an, einige aufzuzählen und sagte immer wieder: »Ich habe soo viele Probleme.« Schließlich erwiderte ich: »Das ist doch wunderbar!« »Wieso?« fragte mein Gegenüber erstaunt. Ich nannte ihm einige der nun folgenden Gründe, die übrigens jeder Praktiker erneuerten Denkens unbedingt zu seine Grundausrüstung machen sollte.

Probleme sind gut:

1) weil Probleme unsere Phantasie anregen
2) weil Probleme unsere Kreativität stimulieren
3) weil Probleme uns nach Lösungswegen suchen lassen
4) weil Probleme uns zum Nachdenken zwingen
5) weil Probleme uns näher zu Gott und zu geliebten Menschen bringen
6) weil Probleme, sofern wir sie lösen, unser Selbstwertgefühl und Selbstbewußtsein stärken
7) weil Probleme echte Glaubensvorgaben sind, die unseren Glauben herausfordern
8) weil Probleme, nachdem wir sie gelöst haben, Erfahrung, Weisheit und Kompetenz in uns zur Entfaltung bringen
9) weil Probleme die Sprossen auf der Erfolgsleiter nach oben sind
10) weil Probleme eine Gemeinsamkeit ist, die wir mit 5,5 Milliarden Menschen teilen.

Wage es, anders zu denken und gönne Dir große Gedanken!

Vielleicht kennst Du den Witz von den zwei Schuhverkäufern, die nach Afrika geschickt wurden, um den Markt zu erforschen. Der Pessimist meldete nach Deutschland:»Leider kein Markt vorhanden, alles Volk läuft barfuß.« Der Optimist dagegen telegraphierte:»Riesenmarkt in Afrika, alle laufen barfuß. Wir können mit unseren Schuhen Schutz gegen Sand und Dornen anbieten.« Echte Problemlöser sind Möglichkeitsdenker, die ihre Ziele erreichen, wogegen Verlierer nach Ausreden suchen.

Für den Meister des erneuerten Denkens sind Probleme keine Erfolgshindernisse, sondern Erfolgsbedingungen, die seinen Glauben und seine Phantasie anregen. Hierbei ist es wichtig zu verstehen, daß durch erneuertes Denken nichts in unserem Kopf produziert wird, was vorher überhaupt noch nicht vorhanden war. Du, lieber Leser, bist allemal zu mehr und Größerem fähig, als Du bisher geglaubt hast. Habe den Mut, größer zu denken, größer zu glauben und kühner zu handeln. Es heißt ja nicht umsonst:»Ohne Glauben ist es unmöglich, Gott zu gefallen.« Deine Vergangenheit hinter Dir, sowie Deine Zukunft vor Dir sind nichts im Vergleich zu dem, was in Dir steckt. – Jesus Christus, der Problemlöser Nr. 1. Wir brauchen seinen Zuspruch und seine Inspiration, damit wir das werden, wovon wir erahnen, daß wir es sein können. Deine Einzigartigkeit als Problemlöser hat er schon längst erkannt.

Heilsame Relationen

Jeder, der zu einem Problemlöser heranreifen will, kommt nicht umhin, gewisse heilsame Relationen in sein Denken miteinzubeziehen. Schau Dir nachts den klaren Sternenhimmel an. Was ist da schon ein Individuum wie Du oder ich gemessen an dem Teilausschnitt der Unendlichkeit, der sich vor Deinen Augen ausbreitet? Zu unserer Milchstraße allein gehören 250 Milliarden Sterne und einige Wissenschaftler schätzen, daß es bis zu 50 Mio. Zivilisationen geben könnte. Inzwischen weiß man von einer anderen Galaxis, die wahrscheinlich Trillionen von Sternen umfaßt. Bei diesem Gedanken überfällt mich jedesmal ein »Relationsfrösteln«. Unser Planet scheint da eher ein Staubkorn im Sandkasten der Unendlichkeit zu sein. Was sind da schon bei der Größenordnung meine oder auch Deine Probleme? Was sind sie bei der Größenordnung Gottes, der dies alles erschuf?

Kommen wir wieder auf unseren Planeten und seine Problemrelationen zu sprechen. Was ist denn schon der Verlust eines Jobs in Relation zu den Folterungen und Hinrichtungen, die Christen in den alten kommunistischen Regimen erlitten haben und derzeit in vielen anderen Ländern dieser Welt erleiden? In Jugoslawien tobt zur Zeit ein blutiger Bürgerkrieg und wir machen ein großes Problem daraus, daß der für uns reservierte Friseurtermin ausfällt, ein Wunschfilm ins Wasser fällt oder ganz einfach darüber, daß wir im Stau steckend zu spät zu einem Abendessen kommen.

Wir selbst machen uns große Dinosaurierprobleme. Ich glaube, daß zur Jesusnachfolge gehört, daß wir etwas von unserer egozentrischen Problemorientiertheit herunterkommen. Jesus war kein Traumtänzer mit Illusionsrosinen im Kopf, als er sagte, wir sollten uns keine Sorgen über Essen, Trinken und Kleidung machen, denn unser himmlischer Vater wisse um diese Bedürfnisse. »Sorgt euch zuerst darum, daß ihr euch seiner [Gottes] Herrschaft unterstellt und tut, was er verlangt, dann wird er euch schon mit all dem anderen versorgen. Quält euch nicht mit Gedanken an morgen; der morgige Tag wird für sich selber sorgen. Ihr habt genug zu tragen an der Last für heute« (Mt 6,33-34).

Wenn wir in diesem Gottvertrauen durchs Leben gehen, so sollten wir bereit sein, den Blick über den Tellerrand unserer ach so kleinen Welt zu richten, um unsere Probleme richtig einzuschätzen. Zum Volk der Denker und Dichter gehörend, neigen wir Deutsche eindeutig zum Problemdenken, denn hierin sind wir der Fachmann. Wir sollten aber vielmehr ein Fachmann in Sachen Lösungsdenken werden. Gibt es irgendeine geschichtliche Persönlichkeit, deren Weg nicht eine Kette von Problemlösungen war? Alle großen Glaubensmänner der Bibel waren Problemlöser. Indem sie Verantwortung übernahmen, wuchs ihr Profil von Problemlösung zu Problemlösung.

Die Großen und ihre Probleme

Schon lange vor der Passionszeit hatte Jesus mit Problemen zu kämpfen. Zum Beispiel hielten es seine leiblichen Geschwister mehr mit seinen Kritikern als mit ihm (vgl. Joh 7,5). Ich glaube, daß Jesus uns versteht, wenn wir im engsten Familienkreis wegen unseres Glaubens nicht verstanden werden oder der Ehepartner oder die Kinder keine Beziehung zu Gott eingehen wollen.

Aus Nazareth, seiner Heimatstadt, warf man ihn heraus. War er bei Huren und Zöllnern, nannte man ihn einen Fresser und Weinsäufer. Trieb er Dämonen aus, nannte man ihn einen Teufel, der mit dem Oberteufel Dämonen austreibt. Jesus hatte noch wesentlich mehr Probleme. Unter seinen Zuhörern gab es nicht nur brave Lämmer, sondern rücksichtslose Kritiker, hochmütige Leute, die ihm ständig ans Leder wollten. Das Schlimmste aber war, daß er einen Dieb und Verräter in seinem engsten Jüngerkreis hatte (vgl. Joh. 12,6).

Kein Problem dieser Welt jedoch konnte ihn davon abhalten, sein Ziel zu erreichen. Der größte Problemlöser unserer Weltgeschichte dachte nicht an seine Probleme, sondern an die Probleme der Menschheit. Sein Lösungsdenken war nicht selbstzentriert, sondern menschheitszentriert.

Wenn alle eben genannten Männer Probleme in Siege zu verwandeln verstanden, warum sollten wir uns nicht von ihnen inspirieren lassen?

Ein Kind, das unter Stummen aufwächst, wird nicht sprechen lernen, obwohl es die Fähigkeit dazu hätte. Genauso wachsen die meisten Menschen unter glaubensarmen, problemorientierten Artgenossen auf und entwickeln nicht die Sprache des Glaubens und des erneuerten Denkens.

111

In dem Moment, wo Du Dich entscheidest, kein Problemdenken mehr zu praktizieren, verläßt Du den Club der Stummen. Begib Dich zu den Glaubensstarken und lerne, »hauptberuflich« zu glauben. Da durch Glaube unser Kopf wieder klar und spannungsfrei denken kann, entwickelt sich konstruktives Lösungsdenken und wir bekommen unser Problem besser in den Griff.

Lobpreis bringt Mauern zum Einstürzen

Als Paulus und Silas ausgepeitscht, mit Händen und Füßen angekettet in einer dunklen, muffigen Zelle in Philippi eingekerkert saßen, hatten sie ein großes Problem: doch statt in Niederlage und Schmerz zu schwelgen, brachten sie mit ihren geschundenen Körpern noch einen kräftigen Lobpreis fertig. Der Lobpreis wurde zur Brechstange, denn die Mauern barsten unter der freigesetzten Gotteskraft. Durch Lobpreis wurde ihr Problem zum Sprungbrett zum Erfolg, denn ein Kerkermeister und seine Familie kamen durch dieses Ereignis zum Glauben. Welch eine Siegeslinie, welch ein unerschrockenes Vorgehen im Siegesbewußtsein des Auferstandenen! Problemtretminen werden zu Blindgängern, wenn wir im Glauben eine andere Haltung einnehmen.

Lobpreis bringt einen Wal zum Erbrechen

Ein beißender, stechender, traniger Geruch lag in der Luft, als Jona im Bauch des Wales auf Tang und Schlick ausrutschte und in einer Riesenpfütze von Verdauungssäften landete. Wer macht schon gern einen Freischwimmer in den Verdauungssäften eines großen Fisches, wohl wissend, daß man kein griffiges und rettendes Ufer wegen der glitschigen Schleimhaut erreichen kann? Als unter ihm die Darmmotorik des Riesen vibrierte, hatte Jona ein wahrhaft großes Problem. Trotz dieser Widerwärtigkeiten betete Jona.

»Ich aber will dir danken und dir die Opfer darbringen, die ich dir versprochen habe; denn du, Herr, bist mein Retter« (Jona 2,10). Den Rest der Geschichte kennst Du sicherlich schon. Lobpreis bringt selbst Wale zum Erbrechen.

Auf ihrem Weg ins gelobte Land hatte das Volk Israel ein großes Hindernis: eine berühmte Stadt namens Jericho, die auf dicken Mauern errichtet war. Auch hier war es die wachsende Glaubenshaltung, die jedem handfesten Lobpreis innewohnt, die meterdicke Mauern zum Einsturz brachte.

Indem wir Gott und nicht das Problem anbeten, werden aus Problemriesen kleine Winzlinge und aus Problemelefanten kleine Mücken. In aufrichtigem Lobpreis drückt sich unsere Dankbarkeit in der Anbetung Gottes aus. Dieser verdichtet sich zu unerschütterlichem Glauben, daß Gott der Herr meiner Situation ist. Auf diese Weise bahnt gewachsener Glaube den Weg selbst für Wunder in unseren Tagen.

Ist es da noch verwunderlich, daß wir in unseren Gottesdiensten mehr körperliche und seelische Heilungen dann erleben, wenn wir mitten im Lobpreis stehen und nicht dann, wenn wir vorher oder nachher für die Kranken beten? Gott wohnt im Lobpreis seines Volkes.

Welche Problemmauern gibt es in Deinem Leben? Hast Du es auch schon mal mit Lobpreis probiert? Vor kurzem wurde mir beim Lesen der Josefsgeschichte deutlich, daß Josefs Weg nicht damit begann, daß er ägyptischer Bundesernährungsminister wurde. Stattdessen begann Josefs Karriere mit einer ganzen Kette von Problemen. In hohem Bogen hatten seine eifersüchtigen Brüder ihn in eine rissige, ausgetrocknete Zisterne befördert. Weitere Problemsituationen seines Lebens waren der Sklavenmarkt, sein Sklavendienst am Hofe Potifars und zum krönenden Abschluß eine ausgedehnte Knasterfahrung, wie immer mit inneren Zerbruchphasen garniert.

Jeder andere hätte sich geschlagen und benachteiligt in der Opferrolle präsentiert und so seine Verantwortung auf andere Menschen und Gott abgewälzt. Josef dagegen praktizierte kein Problemdenken, sondern geistliches Lösungsdenken. Er füllte mit Treue und Hingabe jeden unbequemen Lebensrahmen aus, in den er gestellt wurde, denn es war ein anderer Geist in ihm. Am Ende einer Problemkette, die seinen Charakter geläutert hatte, konnte Gott ihm mit gutem Gewissen eine Machtposition überlassen. Wir selbst entscheiden, ob Probleme Reife und Charakter oder Verbitterung in uns hervorbringen.

Jemand mit positivem Glauben wie Paulus oder Jonas akzeptiert sein Hindernis, aber er gibt sich niemals geschlagen. Er versteht, daß Probleme Hindernisse auf dem Weg nach vorn sind, die man nur mit einer positiven Glaubenshaltung und mit Lösungsdenken aus dem Weg räumt.

Für solche Menschen ist der Lobpreis die vorweggenommene Siegesfeier. Investiere drei Minuten in folgende Frage: Was ist das Schlimmste, das Dir widerfahren könnte? Ist Dir beim genauen Überlegen auch aufgefallen, daß das Schlimmste gar nicht so schlimm ist, wie Du vorher gedacht hast?

Acht Lernziele für einen konstruktiven Umgang mit Problemen:

1) Lies noch einmal den Abschnitt. Warum ist es gut, ein Problem zu haben?

2) Triff die feste Entscheidung, daß Du kein problemorientiertes Denken mehr praktizierst, sondern Lösungsdenken.

3) Lobpreis inmitten einer Problemsituation ist eine vorweggenommene Siegesfeier. Bedenke: Lobpreis bringt Mauern zum Einsturz und Wale zum Erbrechen!

4) Betrachte Deine Probleme als etwas Positives und frage Dich: Was ist gut an meinem Problem? Anschließend analysiere die positiven und negativen Kräfte, die in Deinem Problem liegen.

5) Jedes Problem enthält einen Schwachpunkt, der unser Ansatzpunkt für die Lösung ist. Bete und frage Dich: Worin besteht der Schwachpunkt in meinem Problem? Notiere jetzt alle Lösungsgedanken.

6) Paulus akzeptierte seine Hindernisse, aber er gab sich nicht geschlagen. Frage Dich: Was muß ich akzeptieren lernen und was muß ich verändern?

7) Triff jetzt eine Entscheidung, wie Du das Problem anpacken willst.

8) Beschließe, ein Problemlöser zu werden, denn Problemlösung verleiht Profil.

Nachdem wir uns diese Grundhaltungen angeeignet haben, können wir uns getrost jedem Problem zuwenden, ohne von ihm hypnotisiert zu sein und es praktisch lösen. Viel Erfolg!

Grundübel Ablehnung und seine Folgen

Vielleicht kämpfen in Deinem Zimmer auch einige Pflanzen auf ziemlich ausweglosem Posten gegen Nichtbeachtung und Austrocknen. Leider kämpfen nicht nur Pflanzen gegen Nichtbeachtung und inneres Austrocknen, sondern eine ganze Menschheit. Wir leben in einer kranken Welt, die seit dem Sündenfall unter dem Zeichen der Ablehnung steht.

Autos, die von hilflosen und verzweifelten Menschen mit Selbstmordabsichten gefahren werden, weil sie eine »Überdosis an Ablehnung« erfuhren, sind gefährlich, weil sie andere in den Abgrund mitreißen können. Familien, die zerrüttet sind, weil Eltern zur Beziehungsunfähigkeit erzogen wurden, reißen ihre Kinder in einen fürchterlichen Strudel der Verzweiflung. Beziehungsunfähigkeit wird zur vererbten Mitgift.

Kriminelle, die einen hilflosen Menschen abknallen, schickt man zum psychiatrischen Gutachter, nur damit dieser wieder einmal herausfindet, daß die Mütter der Täter ihnen schon als Baby den kleinen Abzugsfinger kräftig durch ihre eigene Ablehnung trainiert haben. Leider leben nicht nur die kriminellen Zentren dieser Welt im dunklen Schatten der Ablehnung.

Eine Beobachtung, die ich wiederkehrend im sonnigen Spanien oder Portugal machte, war folgende. Im Urlaub drehen unterdrückte Untergebene in ärmeren Ländern voll auf und spielen großspurig den Vorgesetzten. Das Untertanenlächeln der Gernegroßen verwandelt sich zur abgeschmackten, peinlichen Herrscherpose. In reichen Kreisen dagegen kämpfen die Damen gegen ihre Minderwertigkeit, indem sie sich wie Cher rundherum liften lassen. Ihre Gatten liften ihr Selbstwertgefühl, indem sie gemütlich in Statussymbolkarossen aus Blech und Chrom durch die Straßen rollen. Immer wieder wird versucht, den Mangel an Sein (Selbstbewußtsein) durch ein Mehr an Haben auszugleichen. Hierbei ist es egal, ob wir uns ein Stofftier oder einen Alfa Romeo wünschen, die Wurzel der Sehnsucht bleibt die gleiche.

»Minderwertigkeits-Opfer«

– Hinter dem großen Macher verbirgt sich ein plärrendes, abgelehntes Kind, das nach Anerkennung schreit.

- Der explosive Stimmungsmensch, der in seiner Jugendzeit Klassenkasper war, leistet viel, um anerkannt und geliebt zu werden.
- Hinter der Frau mit Kritikallüren steckt ein kleines Mädchen, das ums Überleben kämpft, indem es alle anderen niedermacht, um sich selbst aufzuwerten. Auch sie kämpft gegen das Ertrinken im Meer der Ablehnung und der mangelnden Zuwendung.
- Machtmenschen mit Unterdrückungsallüren kämpfen letzten Endes mit ihren Minderwertigkeitsgefühlen.
- Der 20 cm hohe Irokesenschnitt beim Punker ist der verzweifelte Versuch, wenigstens aufzufallen, um beachtet zu werden und so etwas Anerkennung für das ausgehungerte Selbstwertgefühl zu erhalten.
- Opfertypen dagegen präsentieren sich geschlagen und benachteiligt in der Opferrolle, um ihr Liebesdefizit und ihre Minderwertigkeit durch Menschen auszugleichen, die ihnen in barmherziger Zuwendung das geben, was ihnen fehlt, nämlich Annahme und Aufmerksamkeit.
- Wieder andere bekämpfen ihre Minderwertigkeit mit Intellektualismus.
- Stinkfreundliche, nachgiebige Menschen kämpfen gegen weitere Liebesverluste. Aus Angst davor, nicht geliebt zu werden, können sie das Wort ›Nein‹ nicht aussprechen und machen zu viel falsche Kompromisse.

Wie wir unschwer erkennen können, sind die Opfer der Minderwertigkeit sehr unterschiedlich und doch leisten alle enorm viel, um aus dem Schatten der Ablehnung und der fehlenden Zuwendung herauszukommen. Liebesdefizit und Ablehnung einer gefallenen Welt kann nicht durch billige Attrappen behoben werden. Die Seelennot wird verdrängt und gut bedeckt. Man trägt über der eigenen Minderwertigkeit den perfekten Panzer der Lässigkeit in ›Made-in-Germany‹-Qualität. Hinter der modisch aufgeputzten Hülle des modernen, gehetzten Menschen verbirgt sich häufig eine verletzte und ausgehungerte Seele. Die ganze Menschheit sitzt im gleichen Boot, denn unser Planet steht – wie bereits erwähnt – seit dem Sündenfall unter dem Zeichen der Ablehnung. Wir alle stellen uns meist unbewußt die Frage, wie wir ans rettende Ufer kommen. Jeder Mensch, Dich und mich eingeschlossen, manipuliert und mogelt sich auf seine Art durch das Leben, um Minderwertigkeit und Ablehnung abzuschütteln und zu überwinden. Wer behauptet, er habe mit diesen Problemen nichts zu tun, ist ganz sicher auf dem falschen Planeten gelandet.

Gottes Lösungsweg der Annahme

Was macht aus weltmüden Treibhauspflanzen mit hängenden Köpfen eine hübsche Blume mit Duft? Eine Pflanze braucht die Sonne, um eine Blume zu werden und ein Mensch braucht Liebe, um ein gesunder Mensch zu werden.

Jeder Mensch liebt Komplimente und Anerkennung, denn das Bedürfnis, von Bedeutung zu sein, wurde uns schon in die Wiege gelegt. Vor dem zu Bett gehen erzählte ein Vater seinem vierjährigen Sohn noch schnell die Geschichte vom guten Hirten. Er beendete seine Ausführung mit dem Satz:»Sohn, auch du darfst ein Schäflein sein.« Nach der Andacht betete der Kleine:»Lieber Heiland, wenn du mich schon zu einem Tier machen willst, dann bitte zu einem Pferd.« Unsere Kinder sind der beste Beweis für diese unbestreitbare Tatsache, daß der Mensch nach Anerkennung hungert. Ich bin noch keinem gesunden Menschen begegnet, der nicht nach Lob und Bestätigung (die Ausdruck echter Liebe sein sollten) seine Arbeit besser gemacht hätte als nach Kritik.

Untersuchungen haben belegt, daß Ehefrauen ihre Männer in erster Linie wegen mangelnder Anerkennung verließen, vermutlich gilt dies auch umgekehrt. Pflanzen kann man vernachlässigen oder mit liebevollen Worten hochpäppeln, wie meine Schwiegermutter es macht, die es zu einer ungeahnten Blütenpracht bringt; wieviel mehr gilt das für den Menschen. Die Inseln im Meer der Ablehnung heißen Bestätigung und Annahme. Worte der Ablehnung und Kritik sind für Kinder wie die Würfel beim Spiel, also eine Festlegung mit unabsehbaren Folgen, wogegen eine positive Ermutigung wie ein liebevoller Kuß lange nachwirkt.

Ein Gramm Lob wirkt mehr als eine Tonne Tadel

Ist Dir schon mal aufgefallen, daß es für manche Leute alles andere als unangenehm ist, schlechte Nachrichten weiterzugeben? In Ungeduld können sie es kaum erwarten, Dich mit der negativen Seite des Lebens zu bombardieren oder zumindest zu konfrontieren.

Die Tatsache, daß wir uns kaum mehr an Lob, Bestätigung und Anerkennung erinnern können, ist ein weiterer schockierender Hinweis auf unsere durch Liebesmangel gekennzeichnete Gesellschaft. Gleichzeitig sollte uns diese Tatsache anspornen, im entgegengesetzten Geist zu handeln, indem wir ermutigen und das Positive im anderen sehen. Nicht die Fehler Deiner Nächsten und Freunde dürfen im Vordergrund stehen, sondern die positiven Anlagen, die Gott ihnen gab. Jeder Mensch ist einzigartig, von Gott geliebt und verdient von daher unseren Respekt und unsere Liebe. Unsere Welt steht unter dem Zeichen der Ablehnung, wogegen wir als lebendige Christen Bürger einer anderen Welt sind, die unter dem Zeichen der Annahme steht. Deshalb liegt unsere Chance, Dinge, Situationen und Menschen zu verändern, nicht im Kritisieren, Nörgeln, Schimpfen oder in ironischen Bemerkungen, sondern in Bejahung, Anerkennung und Annahme. Schon Pestalozzi erkannte, daß der Mensch Gutes tut, wenn man ihm Gutes zutraut. Genauso denkt Gott. Er möchte, daß wir das Gute im anderen ehren, hervorheben und unterstreichen. Was jeder Mensch also benötigt, ist zumindest eine Person, die ihn ermutigt und anfeuert, das zu sein, was er wirklich sein könnte. Gute Eltern, Leiter, Firmenchefs oder Pastoren sind also Personen, die mit diesem Prinzip Menschen dazu verhelfen, ihre Arbeit besser zu machen, als sie es zur Zeit tun sowie deren unterentwickelte Fähigkeiten durch Liebe und Annahme an die Oberfläche zu bringen.

Fast dem ganzen deutschen Volk scheint die beschriebene Motivationskraft unbekannt zu sein. Lehrer hantieren mit einem Rotstift in den Schulheften unserer Kinder und lenken die Konzentration auf Fehler. Eine Lehrerin schrieb meiner zehnjährigen Tochter Janina zweimal folgende Zeilen ins Heft: »Hast Du auch wirklich diese Arbeit allein geschrieben?« Meine Tochter war zutiefst über das Mißtrauen erschüttert und weinte, denn sie hatte alles selbst geschrieben. Solche unfähigen Pädagogen programmieren unsere Kinder auf Skepsis und Zweifel und richten ihren Blick völlig unnötig auf das Negative. Nebenbei ernten sie, was sie säen, nämlich unzufriedene Kinder. Wer kärglich Liebe sät, wird auch kärglich Liebe ernten. Ich bin ganz Zig Ziglars Meinung, der sagt, daß man als Lehrer den Rotstift mit dem Blaustift vertauschen sollte, da sonst das Blatt Papier vor lauter roter Farbe so aussehe, als sei es verletzt worden und am Verbluten. Prüfer sollten sich viel mehr Mühe damit geben, daß sie alle richtigen Antworten hervorheben und anstreichen. Halten wir folgendes fest: Wenn Du die Fehler Deiner Kinder beachtest, werden die Fehler von Tag zu Tag schlimmer. Wenn Du ihre positiven Eigenschaften beachtest, werden ihre positiven Qualitäten von Tag zu Tag zunehmen. Wenn ich die positiven Seiten meiner Frau zu wenig anerkenne, so kommt auch sie zu weit weniger Erfolgserlebnissen, denn jede

Form der Beachtung bringt ein entsprechendes Resultat. Jetzt mal eine ganz ehrliche Frage: Hast Du schon mal in Deinem Leben das Gefühl gehabt, zu stark anerkannt und bestätigt worden zu sein, eine Überdosis an Lob gekriegt zu haben oder zuviel geliebt worden zu sein? Bedenken wir: Ablehnung schafft Probleme, Annahme nimmt Probleme.

Dies ist mein geliebter Sohn, an welchem ich Wohlgefallen habe.

Die Umfrage eines amerikanischen Instituts brachte die Information, daß die amerikanische Mutter zehnmal mehr kritisiert als lobt. Ein Vorwurf ist wie ein Bumerang, der immer wieder zu dem zurückkommt, der ihn von sich gab.

Hören wir, was der beste Vater seinem geliebten Sohn sagte, als sich dieser im Jordan taufen ließ. Der Vater sprach:»Dies ist mein geliebter Sohn, an welchem ich Wohlgefallen habe.« Die Liebe des himmlischen Vaters drückte sich in öffentlicher Bekundung aus und setzte in Jesus viel Kraft und Energie frei. Schon kurze Zeit später trugen ihn diese Worte und die einzigartige Beziehung, die aus ihnen spricht, Jesus durch die vierzig Tage in der Wüste – inklusive aller Versuchungen. Menschen denken noch Jahre später an unser Lob zurück, auch wenn wir uns selbst nicht mehr daran erinnern können, denn echte Liebe erwärmt das Herz und lebt in der Erinnerung fort.

Die beständige Liebe des Vaters war Jesu Rückhalt, als er den steinigen Weg zum Kreuz aus Liebe für die ganze Menschheit ging. Weil Jesus geliebt war, konnte er lieben. Deshalb sagt er zu seinen Jüngern:»Ich liebe euch so, wie der Vater mich liebt. Bleibt in dieser Liebe! Wenn ihr mir gehorcht, dann bleibt ihr in meiner Liebe, so wie ich meinem Vater gehorcht habe und mich nicht von seiner Liebe löse. Ich habe euch dies gesagt, damit meine Freude euch erfüllt und an eurer Freude nichts mehr fehlt« (Joh 15,9-11).

Der Maler Benjamin West berichtete, wie ein Kuß ihn zum Künstler machte! Er berichtete, daß seine Mutter mit seiner Schwester Sally in die Stadt ging. Zurückgelassen entdeckte der kleine Benjamin Flaschen mit Tinte und verschiedene Farben. Benjamin beschloß nun, Sallys Porträt zu malen. Durch dies Unternehmen geriet die gesamte Küche in einen katastrophalen Zustand. Als schließlich seine Mutter zurückkam und das gesamte Chaos sah, erwähnte sie es gar nicht. Sie hielt den bemalten

Papierbogen hoch und rief:»Sieh da, es ist tatsächlich Sally!« Anschlie-ßend belohnte sie ihren Sohn mit einem liebevollen Kuß. West behauptet:»Der Kuß meiner Mutter machte mich zu einem Maler.«

In ähnlicher Weise sagte der große Erfinder Edison:»Meine Mutter hat mich zu dem gemacht, was ich bin.« Worte der Bestätigung, Annahme und Liebe haben immer einen positiven Einfluß auf uns. Wer von uns mag keine bestätigende Ermutigung? Auch aus diesem Grund sagte Jesus:»Alles, was ihr wollt, das euch die Leute tun, das tut auch ihr ihnen.« Mark Twain meint sogar:»Ein freundliches Wort wärmt einen für drei Monate auf. Ich kann drei Wochen von einem Kompliment leben.«

Ermutigung, die Wurzel eines Predigtdienstes

»Andreas, nächsten Sonntag wirst du predigen!«, sagte mir vor neun Jahren mein damaliger Leiter. Gedanken wie »Hilfe, ich muß predigen, ich hab es noch nie gemacht, also kann ich es nicht«, schossen mir ununterbrochen durch den Kopf. Schließlich sagte ich mir:»Ich muß es machen, also werde ich predigen. Auch, wenn ich mich bodenlos blamie-re, irgendwie werde ich es schaffen!« Tatsächlich schaffte ich es. Nach-dem ich mir zwei bis drei Frösche aus meinem Hals geräuspert und mit einer schlimmen Heiserkeit gekämpft hatte, war ich bereits nach zehn Minuten mit meiner vierzigminütigen Predigt fertig. Ob Zeit sich dehnt, schmilzt oder zusammenfällt, hängt von unserer inneren Verfassung und Spannung ab, zumindest hatte ich meine Predigt im Galopp gehalten. Seit damals habe ich nicht mehr aufgehört zu predigen. Inzwischen predige ich zu großen und kleinen Gruppen, landauf, landab, jedoch vor allen Dingen sonntags im Gottesdienst. Hierbei erlebe ich, daß Menschen ermutigt werden und andere zum Glauben kommen. Ich habe mir über-legt, was passiert wäre, wenn man mich damals nicht genügend ermutigt hätte. Vermutlich wäre mein Leben ganz anders verlaufen.

Inzwischen glaube ich zu verstehen, warum die Bibel von zwölf Aposteln und nicht von zwölf Moralaposteln spricht. Schon Paulus be-mängelte:»Es gibt wenig Väter, dafür viele fromme Zuchtmeister.« Indi-rekt sagte er, daß echte Väter in Christo großzügig ermutigen und bestäti-gen können. Für mich ist auch der Heilige Geist nicht nur ein Tröster, sondern eine Quelle der Ermutigung, die mir und unendlich vielen Men-schen durch liebevollen Zuspruch Energie für den Dienst freisetzte.

Was Liebe vermag

Ein verschrecktes Kind ohne Selbstvertrauen kann zwar seinen Gaben und Talenten nach anderen Kindern haushoch überlegen sein, jedoch hat es unverhältnismäßig weniger Chancen, im Leben erfolgreich zu sein als ein weniger begabtes Kind mit gesundem Selbstvertrauen. Aus diesem Grund sollte Erziehung immer bestätigend sein und der Kindergottesdienst sollte großes Vertrauen in einen guten Gott aufbauen. Kinder, die bestätigt werden, strahlen Ruhe und Sicherheit aus und können wiederum andere auch besser ermutigen. Lernen wir von unserem himmlischen Vater und sprechen wir wie er: »Dies ist mein geliebter Sohn, an welchem ich Wohlgefallen habe.« Oder wenn wir eine Tochter haben: »Dies ist meine geliebte Tochter, an welcher ich Wohlgefallen habe.«

Gottes Liebe war mehr als Sympathie, Romantik oder Gefühlsduselei, als er seinen Sohn für eine verdorbene, selbstzentrierte Menschheit gab. Es ist nichts Besonderes, einer hübschen Frau Blumen zu schenken oder einem Freund ein Buch, denn die netten Menschen beschenken wir sowieso gern. Gott ist in diesem Punkt unvergleichlich anders. Obwohl der Mensch ihm oft die kalte Schulter zeigt, stellt Gott ihn in den Mittelpunkt seiner aufrichtigen Liebe, denn echte Liebe liebt dennoch, jenseits von Sympathie und Schönheit.

Stellen wir uns einmal einen hübschen, attraktiven Mann vor, der einer weniger attraktiven Frau liebevoll zuzwinkert, um ihr somit zu zeigen, daß sie viel Wert und Bedeutung hat. Die Frau ist innerlich bewegt, denn das hat schon lange keiner mehr gemacht. Da sie Schullehrerin ist, erlebt eine ganze Schulklasse den besten Schultag des Jahres.

Keine Liebe ohne Kommunikation

So ziemlich jede Frau fragt ihren Mann von Zeit zu Zeit: »Liebst du mich?« Antwortet der Mann mit einem knappen »Natürlich, Schatz!«, so ist sie von diesen Telegrammvokabeln enttäuscht und bohrt unbefriedigt weiter: »Warum liebst du mich?« Der Mann antwortet: »Was heißt hier warum? Ich bin doch schon fünfzehn Jahre mit dir verheiratet. Reicht das etwa nicht?«

Wenn wir einen Freund zu einem kulinarischen Essen einladen, das wir selbst mit viel Mühe und Fleiß gekocht haben, so fragen wir normalerweise: »Na, wie schmeckt's?« Antwortet unser Freund: »Na ja, du siehst, ich esse es doch«, so sind wir genauso enttäuscht.

Unsere beiden Beispiele zeigen, daß Liebe sich ausdrücken muß, daß sie auf Austausch angelegt ist, wenn sie nicht erkalten oder versteinern soll. Häufig »unterhält« man sich nur noch mit dem Fernseher (oder neuerdings mit dem Heimcomputer) und lebt als Ehefossil mit Trauschein neben seinem Ehepartner her. Kommt es zu keinem guten Gespräch zwischen den Partnern, so übernehmen schließlich Rechtsanwälte und Gerichte die Verständigung.

Wir alle kennen Beispiele wie das folgende: Eine Frau nörgelt und hackt auf ihrem Mann herum, weil sie sich sehnlichst eine Verhaltensänderung seinerseits wünscht. Doch was erreicht sie wirklich? Ihr Mann verhält sich immer mehr, als sei er schwerhörig und sein Verhalten ist weit davon entfernt, sich zu verändern, auch dann, wenn sie die Dosis und die Lautstärke der Nörgeleien erhöht. In dem Versuch, das Leben zu verbessern, hat sie nur zu seiner Verschlechterung beigetragen. Die Ehe landet schließlich in der tödlichen Sackgasse eines niemals endenden Vorwurfpingpongs. Die Worte »immer, nur, niemals« und »ja, aber« sind schließlich zu oft gefallen. Es ist ein Drama, daß täglich tausend wunderbare Liebesgeschichten an den Worten »ja, aber« sterben.

Nicht Härte schmilzt das Eis, sondern Wärme

Als ich eine Frau ermutigte, sie solle doch ihren Mann, den sie ständig kritisierte, zur Abwechslung einmal loben, um ihm das Gefühl zu geben, daß er seine Arbeit gut und richtig mache, antwortete sie: »Ich fühle mich nicht danach. Das ist doch selbstverständlich, daß er das macht!« Ich versuchte, ihr liebevoll zu erklären, daß Liebe hierbei weniger mit Gefühlen zu tun habe, und daß jede dritte Ehe genau an dieser Selbstverständlichkeit kaputt gehe sowie an mangelnder Anerkennung und Beachtung.

»Warum gehen Männer fremd oder schauen schönen Frauen hinterher?«, fragte ich sie. »Weil sie nicht das bekommen haben, was sie brauchen«, antwortete sie. »Glaubst du nicht, daß heutzutage gewaltige Versuchungen auf Männer lauern, die unter der geringen Beachtung durch ihre Frauen leiden, und viele Frauen froh wären, einen Mann wie deinen zu haben?« Sie bejahte und sagte nach einer Weile: »Du hast recht. Warum sollen wir das, was wir lieben, durch Nörgeln zerstören?« Sie hatte verstanden. Als wir uns das nächste Mal trafen, sagte sie mir: »Deine Methode ist zwar sehr einfach, aber sie funktioniert.«

Leider ziehen die meisten Paare einer durch Lob, Bestätigung und Dankbarkeit soliden, erstklassigen Ehe eine durch Kritiksucht drittklassige, auf wackeligen Beinen stehende Ehe vor. Durch täglichen Austausch, der uns gegenseitig bestätigt und ermutigt, verleihen wir unserem Leben unvergleichlich mehr Qualität, Zufriedenheit und Harmonie.

Wir finden im Leben nur das, was wir suchen

Ehemänner, die aus ihren Frauen eine »First-class-Lady« machen, weil sie in ihr eine Königin sehen, werden nie unter dem Problem zu leiden haben, mit einer keifenden Furie verheiratet zu sein. Frauen, die ihre Männer zu Helden machen, werden tatsächlich Helden haben und keine tolpatschigen Stümper. Ich wiederhole: Wir ernten, was wir säen und wir finden, was wir suchen. Suchen und erwarten wir Negatives, so werden wir auch in reichem Maß mit Negativem gesegnet sein. Deshalb hebe immer die positive Seite Deines Partners hervor, denn an der negativen Seite leidet er ja ohnehin schon reichlich.

Küssen verlängert das Leben

Vor einigen Jahren hatte eine deutsche Versicherungsgesellschaft eine Untersuchung in Auftrag gegeben, deren Ergebnis unter anderem folgenden Befund ans Licht brachte: Männer, die ihre Frauen zum Abschied küssen, und zwar richtig – nicht brüderlich oder schwesterlich –, leben fünf bis sechs Jahre länger als Männer, die ihr Leben lang ohne diese täglichen Aufmerksamkeiten auskommen.

Die gleiche Studie beschert uns noch eine Erkenntnis, nämlich, daß diese Männer zwanzig bis dreißig Prozent mehr verdienen als vergleichbar andere Männer. Vermutlich weil jemand, der mehr empfängt, auch seinem Arbeitgeber mehr zu geben hat, was sich wiederum im Berufsleben durch Gehaltserhöhungen und Beförderungen ausdrückt.

Finde Dein Glück, indem Du andere glücklich machst

Vielleicht mag es sehr banal klingen. Aber wann haben wir unserer Frau das letzte Mal Blumen mitgebracht und ihr gesagt, daß sie wunderbar aussieht? Wann haben wir den letzten Brief nach der Hochzeit an den Ehepartner geschrieben?

Bestätigende Liebe ist wie die Luft zum Atmen. Wir alle brauchen sie und sie vermehrt sich beim Weitergeben. Das Unglück vieler Beziehungen wäre sofort verschwunden, wenn einer anfinge, Dankbarkeit, Verständnis und Bestätigung zu zeigen. Wer eine glückliche Ehe führen möchte, sollte das göttliche Prinzip der Dankbarkeit erlernen und anwenden. Darüber hinaus gilt es, das Verständnis für den Partner zu verfeinern und ihm mehr Wert beizumessen. Es liegt immer an uns, ob wir abstoßend oder anziehend auf andere wirken.

Das Gute im Nächsten suchen

Als meine Frau Sabine vor einem Jahr infolge von Überarbeitung und frustrierenden Erfahrungen sehr niedergeschlagen war, fertigte ich mit meiner ältesten Tochter eine gewaltige Liste, die ihre Qualitäten und Stärken enthielt. Es war für uns kaum zu glauben: Nachdem sie unsere, auf festen Karton geschriebene Liste gelesen hatte, änderte sich ihre Stimmung augenblicklich und nachhaltig. Unsere Liste gab ihr Kraft und nebenbei erwähnt, sie existiert immer noch, denn offensichtlich gehört sie nicht zu den Gütern, die im Laufe eines Jahres ausrangiert werden.

Ein anderes Mal hatten wir uns als Familie mit der Liebe Gottes befaßt und im Anschluß ein Riesenblatt Papier auf den Boden gelegt, in dessen Mitte ein Kreis mit der Inschrift »Was finde ich gut an dir?« gezeichnet war. Sternförmig von diesem Kreis ausgehend, verliefen vier Spalten, die unsere Namen enthielten. Mit einem bunten Filzstift bewaffnet, schrieben wir positive Kommentare in die Spalten der anderen. Auf diese Weise erhielt jeder von uns eine stattliche Summe von ermutigenden Statements und zwar aus unterschiedlichsten Blickwinkeln. Janina, meine Älteste, hängte ihren ausgeschnittenen Abschnitt gleich über ihrem Bett auf.

Kleine gelbe Stimmungsmacher

Folgende Begebenheit werde ich nie vergessen, denn sie hat meinen Wunsch, andere zu ermutigen, nachhaltig geprägt. Als ich vor zwei Jahren einen Predigttermin in Frankfurt hatte, fühlte ich mich infolge einiger persönlicher Ereignisse innerlich sehr zerrissen und verunsichert, jedoch ließ ich es niemanden merken. Kurz bevor ich ans Rednerpult trat, erhielt ich einen jener kleinen, selbstklebenden Zettel, den mir ein Ältester zusteckte. Auf diesem stand in fetten Buchstaben folgendes:»Andy. Danke für den Segen, der Du für uns bist. Du Held Gottes. Rolf.«

Diese Ermutigung fuhr mir mindestens so heftig in die Glieder wie eine Liebeserklärung. Den Rest kannst Du Dir sicherlich schon denken: Ich habe mich von Gott und Menschen so geliebt und angenommen gefühlt, daß ich selbstbewußt und voller Kraft im Heiligen Geist predigte. Inzwischen gehöre auch ich zu den Verteilern dieser»gelben Stimmungsmacher«. Um ehrlich zu sein, hat einer meiner Dreizeiler einem sehr frustrierten und deprimierten Unternehmer wieder auf die Beine geholfen. Ihn hatte mein gelbes Zettelchen gerade noch rechtzeitig erreicht. Er sagte mir später:»Tagelang sah ich immer wieder mit tränenerfüllten Augen auf den Zettel. Die Zeilen gaben mir in den düsteren Stunden Trost und Halt.«

Alles, was wir brauchen, ist ein mutmachendes Wort zur richtigen Zeit für die richtige Person sowie einen kleinen Zettel. Unsere Ermutigung muß immer echt sein und darf nie zu toter Technik werden, sonst ist sie peinlich und erreicht nicht selten das Gegenteil. Eine ehrliche Ermutigung dagegen bringt eine immer größer werdende Liebeslawine ins Rollen.

Unterbrich das Lesen und schreibe gerade jetzt einen»Ich finde gut, daß Du ...«-Zettel und werde Mitglied im Club der»gelben Stimmungsmacher«!

Bringe es zur Meisterschaft

Solange wir im Leib Jesu nur auf den Schwächen voneinander herumtrampeln, werden wir uns in nichts von der Welt unterscheiden, denn wir blasen dann ins gleiche Horn wie all die vielen Menschen um uns herum.

Wenn wir allerdings in unseren Gemeinden und Hauszellen die Mitglieder zur gegenseitigen Erbauung ermuntern, wird uns keiner mehr übersehen oder überhören. Jesus betonte sehr deutlich, daß man die Seinen an der Einheit und der Liebe zueinander erkennt. Darüber hinaus war dieser Sachverhalt schon vor 2000 Jahren sein inniges Gebet zum Vater. Wenn Du auf das Gute im anderen achtest, »Christus in ihm« siehst und nicht seine Fehler hervorziehst, so kannst Du es zur wahren Meisterschaft bringen und unsere Welt nachhaltig verändern.

Übertrieben und zu einseitig positiv?

Vielleicht sind einige Leser der Meinung, ich übertreibe oder überbewerte die gute Seite am Nächsten. Natürlich überziehe ich, da mir noch kein Mensch begegnet ist, der jemals zuviel Gutes über seine Mitmenschen gesagt hätte, mich eingeschlossen. Mir ist klar, daß jeder von uns wie eine Münze zwei Seiten hat, aber wer zwingt Dich dazu, immer nur die negative Seite anzustarren? Kritische Reaktionen auf das Verhalten anderer gibt es natürlich auch, aber hierfür braucht es kaum Anleitung, denn hierin sind wir allesamt wahre Profis. Mein Anliegen ist es nicht, das zu fördern, was wir ohnehin schon können, sondern vielmehr das nachzuholen, was uns von Kindesbeinen schon fehlte.

Zusammenfassung:

Wie man eine Insel der Annahme im Meer der Ablehnung wird

* Beschließe, ein Ermutiger zu werden. Du wirst schon bald merken, wie sehr man Dich braucht.

* Mache Lob zu einem Hauptbestandteil Deiner Kommunikation.

* Bedenke: Ein Gramm Lob wirkt mehr als eine Tonne Tadel.

* »Ertappe« Deine Familie, Freunde und Mitmenschen dabei, wenn sie mal etwas gut gemacht haben und laß es sie wissen.

- Suche das Gute im Nächsten. Lasse keine Gelegenheit aus, in der Du ein Kompliment machen könntest.

- Beschließe, generalisierende Worte wie »ja, aber, immer, nur, niemals« aus Deinem Vokabular zu verbannen.

- Bestätige Deinen Nächsten, denn Selbstzweifel hat er sowieso genug.
- Finde Dein Glück, indem Du andere glücklich machst.

- Arbeite an Dir, indem Du Deine Kritiktendenzen bewußt durch Barmherzigkeit ersetzt.

- Nieder mit der nörgelnden Kritiksucht, denn sie ist ein Beziehungskiller!

- Gehe großzügig mit denen um, die Dich angreifen und kritisieren.

- Nicht Härte schmilzt das Eis, sondern Wärme.

- Da jeder Mensch das Bedürfnis nach Bedeutung und Wert hat, so vermittle dem anderen, daß er unabhängig von seiner Leistung wertvoll und einzigartig ist.

»Was ihr von anderen erwartet, das tut ebenso auch ihnen«
(Lk 6,31).

Obwohl es nur sieben Töne (und einige Halbtöne) auf der Tonleiter gibt, sind wir doch hingerissen von dem, was Chopin, Bach und Vivaldi daraus gemacht haben. In gleicher Weise können Gedanken noch so klein und unscheinbar wirken, doch durch einen biblisch erneuerten Sinn sind sie in ihrer Auswirkung auf unser Leben gewaltig. Ich kann mir denken, daß auch Du den klaren Vorsatz gefaßt hast, all Deine Möglichkeiten erneuerten Denkens für ein bedeutungsvolles, fruchtbares, dynamisches Leben im Dienst Gottes einzusetzen.

Hinterlasse in unserer Welt kraftvolle Spuren, indem Du durch einen erneuerten Sinn das erreichst, wofür Du von Gott geschaffen wurdest. Es wird Dir gelingen. Der Herr segne Dich auf Deiner Lebensreise.